ALEXANDER POHLE
ULRIKE NIEDERER
STEFAN BLANK

HERZSTÜCKE AM BODENSEE

BESONDERES ABSEITS DER BEKANNTEN WEGE **ENTDECKEN**

BRUCKMANN

30

Liebe Leserin, lieber Leser,

Eigentlich ist es nicht schwierig, außergewöhnliche, kaum bekannte Orte rund um den Bodensee zu finden. Als ich mich schließlich aufmachte, habe ich aber nicht mit einer so großen Vielfalt einzigartiger Plätze gerechnet, von denen ich, ehrlich gesagt, noch nie zuvor gehört hatte. Der Bodenseeraum bietet eine so große Mannigfaltigkeit der Natur, Museen, Ausstellungen und Gastronomie, dass wirklich für jeden etwas dabei sein sollte. So wird der Seeblick vom Haldenhof in Überlingen sicher einen bleibenden Eindruck hinterlassen, auf der Halbinsel Höri besuchen Sie die Heimat vieler Künstler, und den fangfrischen Fisch in Immenstaad oder auf der Insel Reichenau sollten Sie sich auf keinen Fall entgehen lassen.

Viel Spaß beim Entdecken!

Alexander Pohle, Ulrike Niederer & Stefan Blank

IMMER EINE SÜNDE WERT!

MEINE LIEBLINGSLÄDEN ZUM ESSEN, TRINKEN UND EINKAUFEN

01 CAFÉ IM BOOTSVERLEIH

Bei der kleinen Terrasse mit den Gartenstühlen vor dem Holzhäuschen handelt es sich nicht um ein Privatgrundstück. Im Gegenteil, denn hinter dem Anleger, direkt an dem kleinen Seepark von Kressbronn, befindet sich das Café des Bootsverleihs.

Das Auffälligste an der Uferpromenade von Kressbronn ist sicher der Glasbau des Bootsanlegers, dessen Formgebung einer Bodensee-Fähre nachempfunden und in dem ein Kiosk untergebracht ist. Unweit von hier, wo die Wiese des kleinen Seeparks endet und schon von Weitem gut zu sehen, warten die bunten Tretboote des Bootsverleihs auf Sie.

Voll auf ihre Kosten kommen sogar kleine wie große Ferrari-Fans. Allerdings nur durch Körpereinsatz, ganz umweltfreundlich mit Muskelkraft. Denn die Ferraris, die es hier zu mieten gibt, strotzen nicht durch Motorkraft, sondern sind knallrote Tretboote, mit denen Sie über den Bodensee »cruisen« können. Patentfreie Motorboote stehen aber ebenfalls zur Auswahl und können während der Saison jederzeit gemietet werden. Wenn Sie auf Nummer sicher gehen möchten, reservieren Sie am besten im Voraus. Vor allem in den Ferien und zur Urlaubszeit zu empfehlen!

Sollte Ihnen der Sinn aber nicht nach Bootfahren stehen, ist vielleicht ein frischer Kaffee die Alternative. Auch wenn es von Weitem nicht wie ein Café aussieht, ist es in Wirklichkeit ein lauschiges Plätzchen, um in aller Ruhe zu entspannen. Während die einen sich auf dem Wasser austoben und Spaß haben, ist der herrliche Blick auf den See für die anderen sogar umsonst!

Der Bootsverleih Boot und Spaß ist im Übrigen noch an zwei weiteren Standorten am Bodensee vertreten. Wenn es Ihnen also in Kressbronn gefallen hat, dann können Sie Ihre nächste Tour ja von Langenargen beziehungsweise Friedrichshafen aus starten und dort ein Boot Ihrer Wahl mieten. Kaffee und Kuchen gibt's allerdings nur im Café in Kressbronn, in der Nähe des auffälligen Glasbaus des Anlegers!

Bootsverleih Boot und Spaß · Bodanstraße am Uferweg · 88079 Kressbronn
www.bootundspass.de · Haltestelle: Bahnhof Kressbronn

Charter +49 176 801 206 26
FN 1131
P6

Burgschenke
zu den
11 Räubern
Gasthaus Räuberhöhle

02

ZU GAST BEI DEN ELF RÄUBERN

Am Fuß des Veitsburghanges, direkt unter dem Mehlsack und unterminierend-subversiv unterhalb des Arbeitsgerichts, ist nach Räuberart lauernd die »Burgschenke zu den 11 Räubern« – kurz: die Räuberhöhle – zu finden. In der »Höhle« ist wirklich jeder Gast willkommen.

Seit über 40 Jahren gibt es die Kneipe jetzt schon in so gut wie unveränderter Form. Zuvor aber wurde das bereits im Jahr 1396 errichtete Fachwerkhaus Obere Mang zur Tuchveredelung genutzt. Dabei wurden beispielsweise die feuchten Tücher außen an den vorkragenden Obergeschossen des Hauses zum Trocknen aufgehängt. Zur Brauerei und Gaststätte »Burgschenke zu den 11 Räubern« wurde das Haus dann im Jahr 1861 und schnell bekannt durch das gute Bier sowie den schönen Biergarten.

Die Räuberhöhle versteht sich bis heute nicht nur als Gastwirtschaft im eigentlichen Sinne, sondern als natürlich gewachsener Treffpunkt und soziale Begegnungsstätte. Hier sitzen alle Schichten der Gesellschaft an einem Tisch zusammen oder stehen nebeneinander an der Theke. Egal, ob als Obdachloser oder Chefarzt, als Oberstaatsanwalt oder Unter-die-Räder-Gekommener, es gibt keine Berührungsängste. Im Gegenteil, diejenigen zu einem Bier einzuladen, denen es gerade nicht so gut geht, ist fast schon Ehrensache. Hier haben alle miteinander Spaß, hier werden Sie geduzt.

Legendär: die belegten Seelen

Nachdem die Zukunft der Räuberhöhle lange Zeit ungewiss war, steht jetzt auch dank des Engagements des Fördervereins »Freunde der Räuberhöhle 2012 e.V.« fest, dass das bestehende Kneipenkonzept nach einer »sanften Sanierung« weiterhin von den Pächterinnen Biggi Bachmann und Vanessa Bachmann-Boscher fortgeführt wird. Zum Glück soll der Charakter der Kneipe erhalten bleiben. Das Highlight nach dem geplanten Umbau wird ein größerer Biergarten sein. Auch als »Nichträuber« sind Sie immer gern willkommen!

Gaststätte Die Räuberhöhle · So Ruhetag · Burgstraße 14 · 88212 Ravensburg · Tel. 07 51/3 34 56
Haltestelle: Bahnhof Ravensburg, Fußweg ca. 10 Min.

03 SO SCHMECKT DER BODENSEE

Die Bodenseeregion ist nicht nur Deutschlands südlichstes Obstanbaugebiet, sondern auch eines der bedeutendsten. Deshalb hat die Kunst der Obstveredelung hier eine lange Tradition. So destilliert die Familie Senft bereits in der dritten Generation köstliche Edelbrände und vieles mehr.

Ein Besuch in der Destillerie in Salem-Rickenbach ist als Erlebnis für die ganze Familie angelegt: Es gibt Spielmöglichkeiten für die Kleinen, und die Großen können im Shop Köstlichkeiten anschauen oder gleich verschiedenste Edelbrände, Liköre, Whisky, Gin und Rum im Ausstellungsraum verkosten. Wenn Sie tiefer in die Welt der Destillate eintauchen wollen, dann sollten Sie an einem Tasting teilnehmen. Auf einer zweistündigen Entdeckungstour mit Silke und Herbert Senft durch die Brennerei und das Whiskylager erfahren Sie, wie eine Brennerei funktioniert und was „mit Fruchtauszug" bedeutet.

Ein besonderes Erlebnis ist es, den Whisky direkt ab Fass zu verkosten. Dass das Obst für die Herstellung der Destillate aus eigenem Anbau stammt – auch das Getreide für den „ersten Whisky vom badischen Bodensee" – ist für die Familie Senft Ehrensache. Selbst beim hauseigenen Gin achten sie auf Regionalität. So stammt der Wacholder von der Schwäbischen Alb und viele Botanicals wachsen auf der Insel Reichenau. Das Zuckerrohr für den Rum kommt zwar aus Jamaika, aber das Wasser natürlich direkt aus dem Bodensee.

Für die Familie Senft gilt, dass die Brennerküche nie stillsteht und alle Generationen mit großer Leidenschaft an neuen Kompositionen arbeiten. So destillierte Herbert Senft 2014 seinen ersten Gin, den „Gin 21", den seine Tochter Silke als Edelbrand-Sommelière wunderbar beschreibt: „Ein milder Gin mit einem Aroma von Zitrusfrüchten, abgerundet mit Gewürzen und einem Hauch Wacholder". Eine neue Idee ist Ginlikör, der auch einem süßen Gaumen den Gin-Genuss näherbringen soll. Sie dürfen gespannt sein!

Senft-Destillerie · Mo–Sa 8–20 Uhr · Dorfbachstraße 10 · 88682 Salem-Rickenbach
Tel. 0 75 53/88 31 · www.senft-destillerie.de · am besten mit dem Auto

SENFT
DESTILLERIE
21
DRY
GIN
42
DRY
GIN

21
BODENSEE
DRY
GIN
WHISKY
LIQUEUR
SENFT

Arietites
Steinkernerhaltung
– Bitte nicht berühren –
Kranosphinctes
Schalenerhaltung
– Bitte nicht berühren –

URWELTMUSEUM BODMAN IM SCHLOSSTORKEL

04

In den Räumen des von der gräflichen Familie von und zu Bodman erbauten Schlosstorkels befindet sich nach umfangreicher Sanierung seit Juni 2020 das »Urweltmuseum Bodman«. Hier können Sie gedanklich und sinnlich in die »Jurassic Time« zurückreisen.

Der Torkel war 1772 errichtet worden, um der bis heute sichtbaren, riesigen alten Baumkelter aus dem 17. Jahrhundert Schutz zu geben. Mit dieser Presse konnten seinerzeit 5000 Kilogramm Trauben auf einmal gepresst werden. Immerhin 3750 Liter Rebensaft kamen dabei heraus. Und das Thema »Pressen« passt ganz hervorragend zum Urweltmuseum. Denn was wir über das Leben lange vergangener Zeiten erfahren können, verdanken wir zum großen Teil den Fossilien. Sie entstehen, wenn Pflanzen oder Tiere nach ihrem Ableben unter Sedimentschichten begraben werden. Die weichen Teile zersetzen sich, die harten Teile wie Zähne, Knochen oder Schalen bleiben erhalten. Wenn sich jetzt nach und nach gewaltige Gesteinsschichten über ihnen ablagern, werden sie langsam zu Gestein gepresst und damit zu Fossilien.

Die naturkundliche Ausstellung im Schlosstorkel spezialisiert sich auf fossilisierte Wasserlebewesen, die in der Jurazeit vor 180 Millionen Jahren dort lebten, wo heute Süddeutschland ist. Zu sehen gibt es Krokodile, Ichthyosaurier, Seelilien, Fische, Ammoniten und sogar Flugsaurier. Und zum Ausgraben und Entdecken lädt ein kindergerechtes Sandbett mit Dinosaurier-Skelett ein.

Ein Highlight des Hauses ist die »Galerie der Unikate« – einzigartiger Fossilienfunde, die von Präparatoren im Stammhaus Holzmaden in mühevoller Kleinarbeit aus dem Schiefer herausarbeitet wurden. Und der Knaller: Einige der Fossilien können Sie – gegen Gebühr natürlich – gleich als Souvenir und wertvolle Kostbarkeit mit nach Hause nehmen!

Urweltmuseum Bodman · 1. April–31. Okt. Do–So 10–18 Uhr · Am Torkel 4 · 78351 Bodman-Ludwigshafen · www.urweltmuseum-bodman.de · Haltestelle: Bodman Metzgerbuckel, Bus 7375C

05 DAS ESSZIMMER

Direkt am Seerhein in Konstanz gelegen, steht das imposante Firmengebäude der ehemaligen Handelsfirma Stromeyer. Früher wurden hier Stoffe fabriziert, heute bietet das Gebäude Platz für Büros und Gastronomie. Neben dem ehemaligen Wasserturm gibt's täglich frisch zubereitete Gerichte im »esszimmer«.

Seit 2011 wird im alten Pumpenhäusle am Wasserturm Stromeyersdorf angerichtet! Hier im »esszimmer« kreieren Lucia Blummer und ihre Mitarbeiter aus saisonalen, frischen Zutaten täglich einen wechselnden Mittagstisch und Menüs für besondere Anlässe. Salate, Suppen, Quiches, Hauptgerichte mit und ohne Fleisch oder süße Versuchungen im Glas sowie hausgemachte Kuchen.

Da der Gewerbemagnat Stromeyer mit der Wasserversorgung seiner Firma unzufrieden war, ließ er Ende des 19. Jahrhunderts von einem seinerzeit renommierten Industriearchitekten einen eigenen Wasserturm mit Pumpenhaus errichten. Stromeyer Zelte war damals lange Zeit der größte Arbeitgeber in Konstanz. Hier wurden im Winter Zirkuszelte renoviert und als eine der letzten bedeutenden Arbeiten die Überdachungen des Olympiastadions in München hergestellt. Im Jahr 1984 versinken die Gebäude schließlich in einen langen Dornröschenschlaf. Jahre später kauft ein junges Paar das Anwesen, und an dieser verwunschenen Ecke am Rande eines Hightech-Industriegebietes und des ältesten Naturschutzgebiets der Region entsteht ein Kleinod. Der Wasserturm mit Büros und 360 Grad Konferenzräumen und das »esszimmer«, das vielleicht kleinste Restaurant in Konstanz. Hier essen die Mitarbeiter der benachbarten Firmen zu Mittag, und Spaziergänger genießen besten italienischen Kaffee mit hausgemachtem Kuchen. Im Sommer wird abends gegrillt, es gibt Lesungen oder Hochzeitsfeiern, wo selbst die Brautväter baden gehen.

Das Restaurant und die Bleiche nebenan bieten Ihnen ein schönes Ambiente und einen gemütlichen Biergarten direkt am Seerhein.

---

esszimmer · Turmstraße 32 · 78467 Konstanz
www.esszimmer-kn.de · Bus Linie 6, Haltestelle: Line-Eid-Str. Konstanz

Ruppaner
Das Bier vom See
Ruppaner
Konstanzer Brautradition
Georg
Fischerhütte

GEORG'S FISCHERHÜTTE

06

Leckere Fischgerichte auf der Gartenterrasse direkt am See: Mögen Sie lieber Bodenseefische aus eigener Fischerei und Räucherei oder steht Ihnen der Sinn heute mehr nach Kaffee und Kuchen? Sie haben die Wahl.

Alles, was der Bodensee an Fisch zu bieten hat, wird in Georg's Fischerhütte, nahe der Stiftskirche St. Peter und Paul, zu superleckeren Gerichten verarbeitet! Wer das nicht probiert hat, ist einfach selbst schuld, und wenn Sie zufällig in der Nähe sind, wenn die »Felchenwochen am Untersee« stattfinden, sollten Sie sich dieses Angebot nicht entgehen lassen. Wer es mindestens dreimal nutzt und seine Restaurant-Besuche mit einem Stempel im »Felchen-Pass« bestätigen lässt, kann zudem an einer Verlosung teilnehmen. Die Gastronomen verpflichten sich, nur fangfrischen Fisch aus dem Bodensee zuzubereiten. Sollten also einmal zu wenig Felchen in den Netzen der Fischer gelandet sein, werden andere Fischarten fürs Menü zum Einheitspreis verarbeitet. Vor einigen Jahren waren die Felchenfänge so stark zurückgegangen, dass die Aktionswochen sicherheitshalber sogar umbenannt worden sind in »Fischwochen Felchen & Co.« Georg's Fischerhütte ist natürlich auch dabei!

An der nordwestlichen Spitze der Insel ist aber nicht nur das Fischrestaurant zu finden. Denn zwischen Feldern und Äckern liegt auch der Geheimtipp unter den Reichenauer Kirchen.

Mit ihren Doppeltürmen ist die Stiftskirche St. Peter und Paul schon von Weitem zu sehen. Im 12. Jahrhundert, hier in Reichenau-Niederzell fertiggestellt, reicht ihr Ursprung zurück bis ins 8. Jahrhundert. Zeigt die Kirche außen noch teilweise ihre romanischen Wurzeln, ist der Innenraum doch durchgehend im Stil des Rokoko gehalten. Ihr Schmuckstück ist aber das Apsisgemälde aus dem späten 11. Jahrhundert, auf dem Jesus thronend auf einem Regenbogen mit den Füßen auf dem Erdkreis abgebildet ist. Übrigens stehen drei der ältesten Kirchen Deutschlands auf der Reichenau, und von hier ging die Christianisierung Deutschlands aus.

Georg's Fischerhütte · In der Hauptsaison tgl. 11–22 Uhr, In der Vor- und Nachsaison tgl. 12–19 Uhr · Ruhetag Mo. · Fischergasse 5 · 78479 Reichenau www.georgs-fischerhuette-reichenau.de · Haltestelle: Bahnhof Reichenau, Bus 7372

07 ALPENPANORAMA BEIM ESSEN IM HALDENHOF

Mitten in einem herrlichen Wandergebiet gelegen, bietet der Haldenhof nicht nur einen der schönsten Ausblicke auf den Bodensee, sondern auch eine einmalige Gartenwirtschaft.

Als Wirtschaftshof für die Burg Hohenfels errichtet, ging der Hof später in den Besitz des Spitals Überlingen über. Zunächst als Schupflehen verpachtet, wurde er dann in ein Erblehen umgewandelt. Wenn Sie, was zu erwarten ist, nicht genug bekommen können vom Blick über den östlichen Teil des Überlinger Sees und den Obersee, können Sie sich eines der Gästezimmer nehmen und übernachten. Bei Föhn ist das grandiose Alpenpanorama zu sehen. Heute präsentiert sich der Haldenhof, der seit 1999 von Familie Reineke-Regenscheit in zweiter Generation geführt wird, als gemütlicher Höhengasthof mit anerkannt gutbürgerlicher Küche und modernen Gästezimmern. Als Wanderer erreichen Sie den Haldenhof über Fußwege von Überlingen, Sipplingen und Ludwigshafen. Die große, schöne Außenterrasse wird von Schatten spendenden Bäumen umrankt, darunter die als Naturdenkmal eingetragene Burkhart-Linde. Benannt nach dem Minnesänger Burkhart von Hohenfels, einem Zeitgenossen des bekannten Walther von der Vogelweide. Beide haben den staufischen Hof im frühen Mittelalter mit ihren Liedern und Weisen erfreut.

Folgen Sie dem Wanderweg, der vor dieser alten Linde rechts den Berg hinunterführt, stoßen Sie nicht weit unterhalb der Gartenwirtschaft auf die Überreste der einstigen Burg Hohenfels. Seitdem sie von Bäumen und Sträuchern befreit wurde, bekommen Sie eine vage Vorstellung vom Aussehen der alten Burganlage, von der aber nur noch einige Mauerreste erhalten sind.

Einen kleinen »Geologischen Lehrpfad« mit gut aufbereiteten Hinweistafeln gibt es hier übrigens auch. Vom Bahnhof Sipplingen führt Sie dieser Weg vorbei an atemberaubenden Aussichtspunkten und Haifischzähnen, die von alten Urmeeren zeugen, hinauf zum Aussichtspunkt Haldenhof.

Gasthaus Haldenhof · März–Okt. Mo Ruhetag · Haldenhofweg 51 · 88662 Überlingen-Bonndorf
www.gasthaus-haldenhof.de · Haltestelle: Bahnhof Überlingen, Bus 7377, dann zu Fuß weiter

Bierspezialitäten aus dem Donautal
Privatbrauerei Zoller-Hof
Gasthaus Haldenhof
Zoller-Hof Bier
Bierspezialitäten aus dem

flotte
FLOSSE
...DER FISCH BISS
ÖFFNUNGSZEITEN
DIENSTAG - SONNTAG
11.00 BIS 20.00 UHR
MONTAG RUHETAG
LANGNESE®
LANGNESE®

DIE FLOTTE FLOSSE

08

Der Stehimbiss ist schön gelegen, direkt am Landungssteg in Immenstaad. Hier gibt's fangfrische, natur gebratene Bodenseefische im Brötchen oder ganze Fischgerichte. Lecker und preiswert!

Am Uferweg am winzigen Hafen ist plötzlich kein Weiterkommen. Gibt's da etwa Freibier? Nein, die Warteschlange gehört zum Fischimbiss. Wer hier geduldig wartet, weiß, die Fischspezialitäten sind es wert. Das Angebot reicht vom »Fischwecka« mit selbst gemachter Remouladensoße bis hin zum vielfältigen Fischteller samt Beilagen. Ein willkommener Rastplatz, wenn Sie auf dem Bodenseeradweg unterwegs sind und der plötzliche Hunger Sie überkommt!

Stammgäste wissen: In der Schlange wird links bestellt und rechts abgeholt.

Edith Dickreiter ist eine Fischerin vom Bodensee. Sie fängt nicht nur täglich den Fisch für ihren Stehimbiss »Die flotte Flosse«, sondern verkauft ihn während der Saison auch lecker zubereitet im Brötchen. Weit vor dem ersten Hahnenschrei klingelt dann jeden Morgen der Wecker. Als Meisterin des Fischereihandwerks holt sie täglich kurz nach vier Uhr morgens ihre Netze ein. Der Fang wird dann aufgeteilt. Ein Teil ist für den Stehimbiss vorgesehen, der Rest geht in den Hofverkauf.

In den letzten Jahren sind aber die Fischerträge dramatisch eingebrochen. Kretzer gibt es fast überhaupt keine mehr, Felchen nur noch die Hälfte, Aal und andere Arten ebenfalls deutlich weniger. Als Trinkwasserspeicher muss das Wasser des Sees sauber sein. Also werden Nitrate und Phosphate durch moderne Kläranlagen massiv herausgefiltert. »Damit sind andererseits zu wenige Nährstoffe da, die für reichliches Pflanzenwachstum sorgen. Dadurch wird die Nahrungskette unterbrochen, den Fischen fehlt es an Fressbarem und sie wachsen dementsprechend langsamer«, erklärt Edith Dickreiter. Diese Situation wird sich in den nächsten Jahren nicht wesentlich ändern, aus Sicht der Fischer wohl eher verschlechtern.

Flotte Flosse · Ende April–Mitte Okt. So–Do 11.30–19 Uhr, Seestraße West · Am Landungssteg 88090 Immenstaad · Tel. 0171/3 52 63 70 · www.fischerhaus-dickreiter.de/sites/fischimbiss.htm
Haltestelle: Bahnhof Friedrichshafen, Bus 7395

MONNA LISA

Laib & Seele
BÄCKEREI
KONDITOREI
CAFÉBAR
CHEVROLET
KN

GEMÜSE UND BROT

09

Nicht nur frisches Gemüse gibt's auf der »Gemüseinsel«, sondern auch frische Backwaren in der Bäckerei, Konditorei und Cafébar »Laib & Seele«.

Das Abenteuer Reichenau beginnt schon mit der Anreise. Eine lange von Schwarzpappeln gesäumte Allee verbindet die Insel mit dem Festland und gibt den Blick auf das Schweizer Ufer sowie den Gnadensee frei.

Am Ende der Allee, direkt am Reichenau-Kanal, liegt auf der linken Seite die Burgruine Schopflen. Die ersten Bauten dieser von den Äbten des Klosters Reichenau erbauten Wasserburg stammen aus dem 11. Jahrhundert. 1312 von Abt Diethelm von Castell neu erbaut und 1366 im sogenannten »Konstanzer Fischerkrieg« zerstört, sind heute nur noch die zehn Meter hohen und 2,5 Meter starken Mauern der ehemaligen Burganlage erhalten. Sie dienen dem Naturschutzbund als Beobachtungsplattform.

Man sollte die Gelegenheit nutzen, sich an den vielen Ständen auf der Insel mit frischem Gemüse einzudecken.

Rechter Hand werden Sie von der Statue des heiligen Wanderbischofs St. Pirmin auf der Reichenau begrüßt. Kurz darauf erscheint oberhalb die erste der drei Reichenauer Kirchen, St. Georg. Genau gegenüber ist auch schon die Cafébar »Laib & Seele« zu finden. Ob wegen des frischen Brots oder wegen des leckeren Kaffees mit hausgemachtem Kuchen – wenn Sie hier Rast machen, werden Sie von Angebot und Ambiente begeistert sein!

Etwa hundert Gärtnerfamilien bauen auf der schönen Insel Gemüse und Kräuter an. Hier gedeihen je nach Jahreszeit die unterschiedlichsten Gemüsesorten, Salate und Kräuter. Von Aubergine bis Zucchini ist alles zu finden. Dementsprechend gibt es viele Möglichkeiten, sich mit Vitaminen einzudecken. Wenn Sie Ihr Auto gegenüber der Kirche St. Georg abstellen, bevor Sie die Insel erkunden, können Sie praktischerweise gleich zum Obst- und Gemüsekaufen gehen. Je nach Angebot, Uhrzeit und Sonneneinwirkung macht das vor oder nach dem Inselrundgang Sinn.

Laib & Seele · Zelleleweg 2 und Pirminstraße 144 a · 78479 Reichenau
www.laibundseele.de · Haltestelle: Bahnhof Reichenau, Bus 7372

10 WIE EINST BEI TANTE EMMA: S'LÄDELE

Nach der Post machte die Sparkasse zu, dann schloss auch noch der kleine Dorfladen. Deshalb gründeten die Einwohner von Öhningen-Schienen kurzerhand eine Genossenschaft, die seither den liebenswerten Tante-Emma-Laden im ehemaligen Milchhäusle von Schienen betreibt.

Um den Dorfbewohnern, aber auch den vielen Feriengästen und Wanderern den weiten Weg zum nächsten Supermarkt im benachbarten Moos zu ersparen, bringen seit der Eröffnung des »s'Lädele« viele Zulieferer ihre frischen Erzeugnisse von der Halbinsel Höri hierher. Im jetzigen Dorfladen weiß man, von wem die Ware kommt, und das große Angebot an Eiern, Obst, warmem Holzofenbrot, Fisch oder Fleisch reicht jetzt wieder, um den täglichen Bedarf an Lebensmitteln der Anwohner zu decken. Hier gibt's aber nicht nur Lebensmittel, sondern auch eine Auswahl an Haushalts- und Kleinbedarf des täglichen Lebens. »s'Lädele« ist und soll aber ausdrücklich auch ein Ort sein, wo sich Jung und Alt aus dem Ort treffen können. Nicht nur, um Neuigkeiten auszutauschen, sondern auch, um das soziale Umfeld zu pflegen. Dass es optisch so ein Schmuckstück geworden ist, ist auch kein Zufall. Darum hat sich die Circus Ideas Company in Rielasingen gekümmert. Von Anfang an war klar, es sollte ein Musterhaus, ja ein Markenzeichen werden. Mit großen Markisen über den mit frischem Obst und Gemüse gefüllten Kisten vor der Tür und drinnen mit Regalen aus massivem Holz und einer Kasse, die ordentlich klingelt. Sogar der Schweizer Bühnenmaler Enrico Caspari, durch die Bregenzer Festspiele bekannt, war dazu bereit, die Fassade zu gestalten. Eine wirklich tolle Idee!

Schienen als Teilort der Gemeinde Öhningen liegt übrigens rund 700 Meter hoch am westlichen Bodensee. Es geht also ziemlich bergauf, und auf dem Weg hierher können Sie sich in Bankholzen den Kulturtreff Torkel anschauen. Der Besuch dieses historischen Fachwerkbaus und des gegenüberliegenden Schaugartens ist eine Pause wert.

S'Lädele Schienen · Mo–Sa 7.30–12.30, Mo, Di, Do und Fr auch 17–19 Uhr
Sonnenbergstraße 2 · 78337 Öhningen-Schienen
www.laedele-schienen.de · Haltestelle: Bahnhof Radolfzell, Bus 7368

s'Lädele
Schienen
PRODUKTE DER HALBINSEL HÖRI
PRODUKTE

GESCHMACK UND KULTUR AM GEHRENBERG

11

Wenn Sie lecker essen gehen und vor allem im Sommer die grandiose Kulisse des Bodensees genießen möchten, sind Sie hier gut aufgehoben. Mit seinen uralten Schatten spendenden Bäumen lädt der große Biergarten zum Verweilen ein. Das Schweine- und Rindfleisch stammt garantiert von Tieren aus artgerechter Haltung. Aber auch das Kulturelle wird großgeschrieben. Neben dem imposanten Glasneubau liegt der Theaterstadl. Hier, wo angesagte Kinofilme ebenso gezeigt wie Theaterstücke aufgeführt werden, treten in regelmäßigen Abständen auch Live-Bands auf. Der Stadl eignet sich natürlich auch für Feiern und Hochzeiten und kann für entsprechende Anlässe angemietet werden.

Wirtshaus am Gehrenberg · Gehrenberg 1 · 88677 Markdorf
www.gehrenberg.de · Haltestelle: Bahnhof Markdorf

DAS BURGRESTAURANT GEBHARDSBERG

12

Etwa im Jahr 1097 wurde mit dem Burgbau begonnen. Nach dem heiligen Gebhard benannt, beherbergt die Burg Gebhardsberg heute ein Restaurant der Spitzenklasse. Der besondere Standort wurde schon vor mehr als 900 Jahren als einer der schönsten Aussichtsplätze im gesamten Bodenseeraum geschätzt. Das »Burgrestaurant Gebhardsberg« bildet deshalb eine Art Symbiose aus herrlicher Aussicht und mittelalterlichem Ambiente, verbunden mit kulinarischen Köstlichkeiten und exzellenten Weinen. Außerdem ist es ein idealer Veranstaltungsort mit seinen zahlreichen Räumen und Sälen, die für Feierlichkeiten verschiedenster Art und Größenordnung bestens geeignet sind.

Burgrestaurant · Gebhardsberg 1 · A–6900 Bregenz · www.greber.cc/gebhardsberg/home/
Haltestelle: Bahnhof Bregenz, Bus Linie 12c

13 EIN SCHWIMMENDES CHINA-RESTAURANT

Der Versuch der Familie HU, einen außergewöhnlichen Standort für ihr neues Restaurant zu finden, ist mehr als gelungen. Ein schwimmendes Restaurant auf dem Trockenen.

Als die chinesische Familie HU vor über 25 Jahren nach Österreich kam, fanden sie zunächst in Wien ein neues Zuhause. Schnell waren sie aber von Vorarlberg derart begeistert, dass sie umziehen wollten. Deshalb begann die Suche nach einem geeigneten Standort für ihr neues, chinesisches Lokal. Sie fanden es schließlich in Form eines ehemaligen Passagierschiffes, der »MS Höri«, die früher auf dem Bodensee unterwegs war. Nach gelungenem Schiffsumbau können seitdem im früheren Passagierraum und auf der Dachterrasse des Schiffs chinesische Spezialitäten gekostet werden. Lecker!

Die »MS Höri« war erst das zweite Doppelschrauben-Motorschiff, das die Bodanwerft gebaut hatte und ging 1927 auf Probefahrt. Zuerst aushilfsweise auf dem Untersee eingesetzt, wurde das Schiff Anfang 1928 von Konstanz aus für den Kursverkehr im Überlinger See eingesetzt. 1944 nach Luftangriffen schwer beschädigt, sank es in Ludwigshafen. Zur Reparatur auf die Konstanzer Werft gezogen, erfolgte die endgültige Instandsetzung von 1949 bis 1950 auf der Bodanwerft in Kressbronn. Um mehr Fahrgastraum zu schaffen, wurde dabei das Schiff um einen Vorschiffsaufbau und einen verlängerten Halbsalon erweitert. Jetzt glich die »MS Höri« aber eher einem großen Motorboot als einem Dampfer. Schließlich erhielt sie, wie schon ihr Schwesternschiff »MS Mainau« im Winter 1960/61 Seitenwulste zur Erhöhung der Stabilität und des Auftriebs. Die Tragfähigkeit wurde dadurch von 300 auf 400 Personen gesteigert, und am 27. Mai 1964 wurde sie in »MS Überlingen« umbenannt.

Nach ihrer endgültigen Ausmusterung, am 1. Juni 1969, wurde das Schiff an den Segelclub Marina Lindau verkauft und ging im Lindauer Hafen vor Anker.

HU BIN – Das schwimmende Restaurant · Mi–Sa 11.30–14.30 und 17.30–23 Uhr, So 11–21 Uhr, Rheinstraße 4 · A–6974 Gaißau
www.hubin.at · Haltestelle: Bahnhof Rheineck, weiter zu Fuß oder mit dem Fahrrad

PAULANER

BEST OF
SCHAFFHAUSEN
2013

GUTES UND FEINES IM ABACO

14

Schokopralinen aus eigener Produktion oder über 30 Sorten leckeres Speiseeis gefällig? Oder doch lieber etwas Herzhaftes aus der Thai-Küche? All das in einem speziellen Ambiente, dafür steht das »Abaco« in der Innenstadt von Schaffhausen.

Eines der schönsten Kaffeehäuser von Schaffhausen ist wohl das »Abaco«. Das liegt einerseits am liebevoll gestalteten Interieur, aber auch am großen Angebot an selbst gemachtem Eis und handgefertigten Pralinen aus besten Zutaten. Zudem runden täglich frisch zubereitete thailändische Gerichte das Angebot ab und verwöhnen die Gäste jeden Mittag und Abend. Bei einem Besuch Schaffhausens ist das mit großer Hingabe geführte Lokal ein Muss, und wenn es nur für einen Zwischenstopp ist.

Die leckeren Schokopralinen sind eine Sünde wert.

Das Angebot reicht vom klassischen Vanille- und Erdbeereis bis zu exotischen Fruchtcocktails aus Mango und Passionsfrucht. Ein besonderer Stolz sind die »Chocolat Kreationen«. Die verwendete Maracaiboschokolade besteht nämlich zu 74 Prozent aus Kakao von Kakaopflanzen von Venezuela bis Costa Rica. Für die Eisproduktion werden zudem ausschließlich Vollmilch und Schweizer Rahm verwendet sowie vollreife Früchte verarbeitet, um deren Geschmack optimal einzufangen.

Mit der Namensgebung war die Idee, Gutes und Feines anzubieten geboren. Abaco ist der Name eines italienischen Barock-Komponisten des 17. Jahrhunderts. Er war ein großer Genießer. Den Betreibern des »Abaco« liegt es am Herzen, ein wenig Glück unter die Menschen zu bringen, denn Schokolade macht gesund und glücklich. Die Chocolat-Spezialitäten werden täglich mit viel Liebe nach alten Rezepten und Geheimnissen gefertigt. Kakaobohnen aus verschiedenen Provenienzen, frischer Schweizer Rahm und Schokolade verschmelzen zu ABACO Chocolatier Suisse. Hier können Sie Gast und Kunde werden, in einer traumhaften Welt der Schokoladenkultur.

Abaco Chocolat Manufactur · Di–Fr 10–22.30 Uhr, Sa 9–22.30 Uhr
Safrangasse 2 · CH–8200 Schaffhausen · www.abaco.ch · Haltestelle: Bahnhof Schaffhausen

BIERGARTEN
ERDINGER

BIERGARTEN MIT SEEBLICK

15

Biergärten, vor allem so schön gelegene, gibt es auf der Südseite des Bodensees nur wenige. Der großzügige Platz, das gute Essen und nicht zuletzt der Blick auf Kreuzlingen sorgen für Hochgefühle!

Mögen Sie nach Feierabend oder einem langen Ausflug noch ein kühles Helles oder vielleicht auch etwas zu essen? Das Restaurant mit Fischspezialitäten, erlesener Weinauswahl und mit preisgekrönter Aussicht ist das ganze Jahr geöffnet. Der schöne Biergarten mit Erdinger Weißbier, Pizza und hausgemachter Pasta natürlich nur im Sommer. Die Terrasse, der entzückende Pavillon und das kleine, aber feine Restaurant bieten Ihnen unvergessliche Momente vor umwerfender Kulisse. Direkt am Ufer des Bodensees gelegen, offeriert das »Fischerhaus« eine frische, kreative und innovative Küche. Für die wechselnde Mittags- und Abendkarte werden nur hochwertige und ausgesuchte Produkte verwendet – wenn möglich von heimischen Produzenten. In den Sommermonaten wird neben regionalen Köstlichkeiten täglich fangfrischer Fisch serviert.

Das Seemuseum, das Schifffahrts- und Fischereimuseum am Bodensee liegt nicht weit entfernt, in der Nähe der berühmten Seeburg.

Am Bodensee-Rundwanderweg gelegen, ist die Etappe von Romanshorn bis hierher mit knapp 20 Kilometern eine der kürzesten. Sie verläuft sehr eben am Westufer des Bodensees entlang und ist ideal zum Ausspannen. Zwischen unzähligen Apfel- und Birnbäumen geht es durch den Kanton Thurgau, der im schweizerischen Volksmund auch »Mostindien« genannt wird. Dann kommen Sie in Kreuzlingen an, der Hauptstadt des gleichnamigen Bezirks des Kantons, die mit rund 22 000 Einwohnern die größte schweizerische Stadt am Bodensee ist. Wunderschön sind neben der Kreuzlinger Altstadt auch die vielen Schlösser und Herrenhäuser wie das Schloss Brunegg, die weiß strahlende Römerburg, das klassizistische Schloss Rosegg sowie die Felsenburg und das Felsenschlössli.

Biergarten Fischerhaus · Promenadenstraße 52 · CH–8280 Kreuzlingen
www.fischerhaus.ch, www.seemuseum.ch
Haltestelle: Bahnhof Kreuzlingen, weiter zu Fuß oder mit dem Fahrrad

16 SCHLAF DOCH MAL AUF STROH!

Strohhotel, Café, Mostgalerie – das sind die Bereiche des Landwirtschaftsbetriebs von Paul Stäheli, der diesen gemeinsam mit Hans Nagel führt. Hier können Sie nicht nur im Stroh, sondern manchmal sogar im Tipi, einem klassischen Indianerzelt, übernachten.

Wenn hier viel los ist, hilft schon mal die ganze Familie mit, die seit jeher den Landwirtschaftsbetrieb mit Milchwirtschaft und dem Anbau von Streuobst in der Nähe von Frasnacht führt. Schon sehr früh haben die ersten Pfahlbauer das milde Klima für sich und den Obstanbau genutzt. Von Frühling bis Herbst ist es einfach wunderschön, hier im Mostland.

Die »Mostgalerie«, so der Name der Herberge, bietet aber mehr als eine Schlafgelegenheit. Gruppen, die sich vorher angemeldet haben, erfahren hier viel rund um das Thema Most, Obst und Äpfel und können gleich vor Ort feine Produkte aus Eigenproduktion erwerben. Übernachten können Sie hier entweder im Stroh, auf Matratzen oder natürlich auch in einem ganz normalen Bett. Die Familie hat sich ganz der Region verschrieben. Die meisten Getränke und Desserts haben etwas mit Most, Obst oder der Region zu tun. Es gibt zahlreiche Apfel- und Birneneisvarianten. »Fior de Latte«, hergestellt mit Milch vom eigenen Hof ist ein Schlemmereis »ohne Reue«. Die Rezepturen hat ein Gelatier aus Italien eigens für das Café ausgearbeitet. Wenn frische, regionale und saisonale Produkte auf einfache Art verarbeitet und mit den richtigen Gewürzen veredelt werden, tritt der Eigengeschmack der Speisen auf wunderbare Weise zutage. Das fasziniert die Familie. Das Café, das in einem Teil der Scheune, der nicht mehr gebraucht wird, eingerichtet wurde, wird nur auf Voranmeldung für Gruppen geöffnet. Das ist Land-Lust pur, ein Ort wie geschaffen für stille Genießer.

Weiter entlang des Radwegs durch Hard kommt man an sehenswerten Fachwerkhäusern und der evangelischen Kirche vorbei, die durch ihre ungewöhnliche Bauform ins Auge sticht.

Strohhotel Familie Stäheli · Kratzern 39 · CH–9320 Frasnacht
www.mostgalerie.ch · Haltestelle: Bahnhof Arbon-Seemoosriet, weiter zu Fuß oder mit dem Fahrrad

ZIMMER
STROHHOTEL

ИЛ14
LCA
ATH
BUD
IST

EIN RESTAURANT IM FLUGZEUG: RUNWAY 34

17

Die Idee, aus dem Thema »Fliegen und Reisen« eine Erlebnisgastronomie zu machen, entstand schon vor Jahren, umgesetzt wurde sie nach dem Swissair-Grounding. Wenn Sie hier »einchecken«, erleben Sie Spitzengastronomie in außergewöhnlicher Umgebung.

Durch Zufall lernte der ehemalige Linienpilot Reto Seipel den Vollblut-Gastronomen Stefan Hunziker kennen. Gemeinsam entwickelten sie das Konzept für das »ultimative Flieger-Restaurant« und begannen mit der Suche nach geeigneten Flugzeugen. Schnell war eine passende Iljuschin 14 gefunden. Gebaut wurde sie 1957 in Taschkent. Das Flugzeug wurde damals mit einem dunkelgrünen Tarnanstrich an die sowjetische Luftwaffe ausgeliefert und war in Moskau-Chkalovsk, dem Kosmonauten-Ausbildungszentrum nordöstlich von Moskau, stationiert. Bis 1992 im Einsatz, wurde sie nach der Ausmusterung an eine Privatperson verkauft. 2002 wiederentdeckt, absolvierte das Flugzeug am 7. April 2005 erfolgreich einen Testflug und hat bis heute nach der Landung in der Schweiz 9160 Flugstunden auf dem Buckel. Als eines der größten Probleme des Projekts stellte sich für die Verantwortlichen damals die Beschaffung der Papiere dar, die nötig waren, um das Flugzeug zum einen in die Luft und zum anderen von Moskau nach Kloten zu bringen.

Die Wahl des Architekten war dagegen denkbar einfach, denn das entsprechende Gebäude wurde vom Bruder und Architekten Andri Seipel drum herum geplant. Da bereits der erste Entwurf sämtliche Ansprüche erfüllte, konnte es bald losgehen. In fast allen Bereichen betraten die Gastronomen Neuland. Nicht nur bei der Planung, auch bezüglich des Standorts. Um so nahe am Flughafengelände bauen zu können, musste sogar eine Umzonung beantragt werden.

Im Hangar-Restaurant speist man direkt unter dem Flugzeug. Ein Muss für Flugzeugfans, die es sich leisten möchten. Am besten vorher reservieren. In der Smokers Lounge, im Innern des Flugzeugs, ist die beste Zigarrenmarke der Welt im Angebot.

Runway 34 · Mo 12–14, 18–21 Uhr, Di–Fr 12–14, 18–22 Uhr, Sa 17.30–22 Uhr, So 11–21 Uhr
Rohrholzstraße 67 · CH–8152 Glattbrugg-Opfikon
www.runway34.ch · S-Bahn: S7, Haltestelle: Bahnhof Kloten Balsberg

18 DIE SOMMERLUST

Schon ein Blick in den Garten und die Orangerie der Kulturgaststätte »Sommerlust« in Schaffhausen lädt dazu ein, zwischen den vielen Blumen, Skulpturen und Schattenspielen etwas Zeit zu verbringen und einfach die Seele baumeln zu lassen.

Direkt am Rheinufer und mitten in Schaffhausen gelegen, ist die Kulturgaststätte Sommerlust zu finden. Für einen Besuch sollten Sie genügend Zeit mitbringen. Denn eine gute Gelegenheit, das süße Leben rund um die Sommerlust inmitten von Kunst kennenzulernen, ist der sonntägliche Brunch im herrlichen Garten. Die große Vielfalt frischer, kulinarischer Delikatessen wartet nur darauf, entdeckt zu werden. »Sommerlust«, allein schon der Name klingt nach Ruhe, nach Träumen, nach Genuss und nach dem Besonderen. Nach einem Versprechen, einer Sehnsucht, einem ganz besonderen Ort, um schöne Feiern zu genießen. Ein perfekter Rahmen für einen entspannten Tag mit Freunden oder der Familie lässt sich hier zu jeder Jahreszeit finden. In dem gemütlichen Ambiente des Hauses ist, egal, an welchem Plätzchen, für das Wohlbefinden der Gäste durch das aufmerksame Personal jederzeit gesorgt.

Die »Sommerlust« ist eine einzige Hommage an die kulinarischen Freuden des Lebens. Gastfreundschaft und herzliche, persönliche Begegnungen werden hier großgeschrieben – und alle Sinne werden belebt. Die geweckten Erwartungen werden in diesem charmanten, ehrwürdigen Haus am Rhein sicher erfüllt! Ein Spiel mit Licht, Schatten und Sonne, mit Düften, wunderschönen Ecken und Winkeln beginnt.

Sommers wie winters beeindruckt die Orangerie durch ihre Lage mitten im Garten, zwischen Blumen, Skulpturen und Schattenspielen des Parks. Stets haben Sie das Gefühl, im Freien zu sein, auch wenn Sie bei nicht so schönem Wetter besser drinnen schlemmen. Gastfreundschaft und herzliche Begegnungen werden Sie drinnen und draußen zu jeder Jahreszeit genießen.

Kulturgaststätte Sommerlust · Di–Fr 11.30–14, 18–23 Uhr, Sa 18–23 Uhr, So 11:30–15 Uhr – oder nach Vereinbarung · Rheinhaldenstraße 8 · CH–8200 Schaffhausen · www.sommerlust.ch
Haltestelle: Bahnhof Schaffhausen

LUST

Schweizer
Nudelbox

Chocolat fin au lait
TOBLER
BERNE
TOBLERONE
TOBLERONE

SCHOGGIBOX UND NUDELBOX

19

Sicher gehört die Schweizer Schokolade zu den bekanntesten Produkten, aber auch Nudeln aus der Schweiz sind legendär. Aus diesem Grund gibt es in der Fußgängerzone von Stein am Rhein zwei besondere Fachgeschäfte.

Viele wissen sicher nicht, dass hier, in Stein am Rhein, die größte Auswahl an Schokolade und Pasta aus der Schweiz und der restlichen Welt zu finden ist. In der Schoggibox lässt das riesige Angebot von sage und schreibe über 300 Sorten Schweizer Tafelschokoladen von 60 verschiedenen Lieferanten und namhaften Confiserien die Herzen der Naschkatzen höherschlagen. Und damit nicht genug, auch über 60 Sorten famoser Trinkschokoladen sowie Schweizer und Italienischer Schoggilikör und vieles mehr rund um oder aus Schokolade sind im Sortiment der Schoggibox zu finden. Ein Paradies für Schokoladenfans mit Souvenirs, Zigarren, Werkzeugen, Autos und Handys aus Schokolade.

Rund um den Marktplatz finden Sie alte Bürgerhäuser mit wunderschön bemalten Fassaden.

Außer Schokoladen gibt's hier noch weitere süße Sachen wie Gummibärchen, Bonbons und Reiseandenken. Im Vergleich zum deutschen Preisniveau finden Sie hier keine wirklichen Schnäppchen, aber im Schweizer Supermarkt sind die Schokoladen auch nicht wirklich günstiger zu haben, und dort gibt's auch nicht diese Riesenauswahl. Doch aufgepasst: Zum Laden kommen Sie nur zu Fuß oder mit dem Fahrrad. Parkmöglichkeiten gibt es außerhalb der Altstadt.

Zwei Türen weiter wurde die Schoggibox noch durch die Nudelbox erweitert. Hier gibt es ein ähnlich großes Angebot an Pasta in allen möglichen Formen und Größen, und Sie finden auch weniger bekannte Nudelsorten, die, zu einem leckeren Essen verarbeitet, bei Familie und Freunden für eine Überraschung sorgen werden. Wenn Sie also nach originellen Mitbringseln sucht, sind Sie hier bestens aufgehoben.

Schoggibox · tgl. 10.30–17.30 Uhr · Understadt 27 · CH–88074 Stein am Rhein
Tel. 0041/(0)52 7 41 36 62 · www.schoggibox.ch · Haltestelle: Bahnhof Stein am Rhein

20 DIE KUGELSKULPTUREN

Am Bodensee-Radweg, kurz vor Stein am Rhein und an anderen Orten der Umgebung, tauchen auf einmal merkwürdige Objekte in der Ferne auf. Sind dort vielleicht Ufos gelandet, könnten Sie sich fragen, oder handelt es sich doch eher um ungewöhnliche Kunstobjekte?

Tatsächlich sind es Holzkugeln. Schon seitdem Daniel Brütsch zu drechseln begonnen hat, faszinierte ihn die Idee einmal, eine Kugel aus einem massiven Baumstamm zu drechseln. Die ersten Massivholzkugeln hatten damals aber nur einen Durchmesser von etwa zehn Zentimetern. Nach einigen Jahren fing er an, Maschinenbauteile zu sammeln, welche ihm zum Eigenbau einer Kugeldrehbank von Nutzen waren. In der Metallbauwerkstatt seines Vaters konnte er nach einiger Zeit die Drehbank als Prototyp zusammenbauen.

Daniel Brütsch fertigt auch Produkte nach individuellen Ideen und Wünschen an. Informationen dazu und eine Auswahl an außergewöhnlichen Produkten finden sich auf www.drechslerei-bruetsch.ch

Nach erfolgreichen Tests wurde die Maschine nach und nach verbessert und optimiert. Mittels dieser einzigartigen und teilweise selbst entwickelten Maschinen fertigt Daniel Brütsch heute verschiedenste Produkte aus einheimischen Hölzern. Er drechselt Schalen bis zu einem Durchmesser von 1,57 Metern und einer Tiefe bis zu 52 Zentimetern, fertigt Spielsachen und vieles mehr. Seit einigen Jahren produziert er eben auch diese Massivholzkugeln bis zu einem Durchmesser von maximal einem Meter.

Weil ihm verleimtes Holz künstlich und unnatürlich erscheint, verarbeitet er dazu hauptsächlich Massivholz. Äste und Rindeneinschlüsse sind demzufolge sichtbar, sind jedoch der besondere Reiz der kleinen Kunstwerke. Aber auch Metall hat der Drechsler für sich entdeckt. Seine Kugeln aus Stahl werden aus Hufeisen oder aus Unterlegscheiben gefertigt und können in nahezu allen Größen hergestellt werden. In Ausstellungen und ausgesuchten Läden haben Sie die Möglichkeit, die Massivholzkugeln oder die Kugeln aus Stahl zu kaufen.

Daniel Brütsch Drechslerei – Holzbau – Schlosserei · Brunnengasse 136 · CH-8262 Ramsen
www.drechslerei-bruetsch.ch · Haltestelle: Bahnhof Ramsen

SO RICHTIG DIE SEELE BAUMELN LASSEN!

WELLNESS, ENTSPANNUNG UND UNTERKUNFT

EIN LANDHOTEL MIT STERN UND SUITEN

21

Am 5. April 1963 erfüllte sich der Kindheitstraum von Roland Birkenmayer, als er zusammen mit seiner Frau Renate den Landgasthof »Fischerhaus« eröffnete – einen alten Bauernhof, den er in ein erstklassiges Restaurant verwandelte.

Die sympathischen Wirtsleute und der kulinarische Ruf des »Fischerhauses« waren schnell weit über die Region hinaus bekannt. Jeder, der etwas auf sich hielt, ging damals hier ein und aus. Deshalb wurde das junge Paar 1970 mit seinem ersten Michelin-Stern belohnt. Vom Erfolg bestärkt, gesellte sich bald ein kleines Hotel zum Restaurant. Mit Weitsicht gestalteten sie aus dem weitläufigen Anwesen mit viel Liebe zum Detail eine ganz besondere Urlaubsoase. Heute beherbergt das Landhotel »Fischerhaus« 17 Doppelzimmer und 6 Suiten. Abgeschirmt vom touristischen Trubel birgt das Grundstück auf 15 000 Quadratmetern eine gestalterische Vielfalt, die Ihnen immer wieder neue Entdeckungen verspricht. Der 300 Jahre alte Fachwerkbau bildet das malerische Herzstück der Hotelanlage. Ebenfalls gehören zwei weitere Gebäude dazu. Das Birkenhaus, mit Blick auf den Bodensee, und das Haus Wiesengrund, das zwischen Obstbäumen, Wildblumenwiesen und einem Seerosenteich liegt. Deshalb präsentiert sich das »Fischerhaus« heute als eine gelungene Mischung aus gewachsener Tradition und modernstem Komfort.

Einen Ausflug wert ist die Ortsteil Seefelden gelegene katholische Pfarrkirche St. Martin, die zu den ältesten Kirchen im Linzgau gehört. 1165 erstmals urkundlich erwähnt, wurde sie möglicherweise auf den Grundmauern einer ehemaligen Burg errichtet. Da die Frage nach dem Alter der Kirche aufgrund fehlender Urkunden bis heute nur mithilfe baulicher Ausdrucksformen beantwortet werden kann, stammen das heutige Langhaus und der Chor wohl aus dem 15. Jahrhundert. Der Kirchturm ist zumindest in seinem unteren und mittleren Teil wesentlich älter. Ob sich im Turm einst eine Michaelskapelle befand, lässt sich nicht belegen.

Landhotel Fischerhaus · Ortsteil Seefelden · 88690 Uhldingen-Mühlhofen
www.fischerhaus-seefelden.de · Haltestelle: Bahnhof Uhldingen-Mühlhofen, Bus 7394

22

WIE FRÜHER BEIM SCHULAUSFLUG

Wer das Flair eines Schullandheims mag, wird das Selbstversorgerhaus an der Hornspitze von Gundholzen lieben. Ideal für Gruppenaufenthalte liegt es idyllisch und frei stehend direkt am Ufer des Bodensees.

Kurz nach der Ortschaft Moos, direkt vor der Hornspitze, liegen die Winkelwiesen von Gundholzen. Am besten vom Radwanderweg aus zu erreichen, sehen Sie schon von Weitem die vielen Schwäne am Ufer. An einer kleinen Kreuzung geht es links ab über einen Feldweg zum Selbstversorgerhaus.

Das Alfred Beer Seminarhaus gehört zur Erzdiözese Freiburg. Mit seinen Mehrbettzimmern kann es gemietet werden und Gruppen bis 21 Personen aufnehmen. Aufgeteilt in Aufenthalts- bzw. Speiseraum, mit Duschen, WCs sowie einer komplett eingerichteten Küche bietet es viel Platz für Selbstversorger. Direkt vor dem Haus, inmitten einer Kolonie von Schwänen, ist auch ein eigener Seezugang vorhanden. Der große Grill auf der Wiese vor dem Haus lädt zum geselligen Beisammensein bei Würstchen oder Tofuburger ein, und die grandiose Lage und Aussicht sprechen für sich.

Als eines der kleinsten Höridörfer liegt Gundholzen inmitten von Obstanlagen. Hier ist die Landwirtschaft noch stark vertreten, und die Erträge werden direkt am Straßenrand verkauft. Das täglich frische Obst fürs Müsli gibt's quasi vor der Tür.

Sollte Ihnen diese Übernachtungsform zu spartanisch erscheinen, finden Sie ein paar Kilometer weiter im Hotel Seehörnle eine luxuriösere Alternative. Denn das Hotel ist bei Radfahrern sehr beliebt und wird bei Ausfahrten gern angefahren. Es verfügt über mehrere Einzel-, Doppel- oder Familienzimmer mit Verbindungstüren zwischen den Zimmern. Für Gruppen ab zehn Personen gibt es sogar eine Ferienwohnung mit fünf Zwei- bis Vierbettzimmern, einem großen Aufenthaltsraum und einer geräumigen Küche. Neu im Programm sind seit Kurzem die sogenannten Rucksackzimmer.

Alfred Beer Haus · Winkelwiesen · 78343 Gaienhofen-Gundholzen · Tel. 0761/5144-158
www.kja-freiburg.de/ueber-uns/haeuser/alfred-beer-haus/, www.seehoernle.de
Bahnhof Radolfzell, Bus 7368

EINST EIN AUFREGER: DAS AESCHACHER BAD

23

Im Lindauer Ortsteil Aeschach, 1911 zu einer Zeit erbaut, in der wildes Baden noch für Aufregung sorgte, entspricht das Aeschacher Bad heute nicht mehr ganz dem damaligen Erscheinungsbild. Um vor neugierigen Blicken geschützt zu sein, war früher das ganze Bad sowie die einzelnen Umkleidekabinen von einer Art Sichtschutz umgeben. Ende der 1970er-Jahre wollte Lindau den Betrieb der Pfahlbaukonstruktion nicht länger bestreiten, es sollte dem Neubau eines Strandbads weichen. Zum Glück aber gründeten engagierte Badegäste einen Verein, der das Bad pachtete und es bis heute durch Spenden, Mitgliederbeiträge und Eintritt mit großem Engagement betreibt.

Aeschacher Bad · Im Sommer Mo–Fr 10–19 Uhr · Lotzbeckweg 3 · 88131 Lindau-Aeschach
Tel. 08282/2 34 46 · Haltestelle: Bahnhof Lindau, weiter zu Fuß oder mit dem Fahrrad

FRIEDENSRÄUME IN HISTORISCHER VILLA

24

In Bad Schachen, mitten in einer wunderschönen englischen Gartenanlage aus dem 19. Jahrhundert, liegt die Villa Lindenhof. Hier steht aber nicht die im Innern durch klassizistische Ornamentik geprägte Villa im Mittelpunkt, sondern der Frieden. Schon der Name, Friedensräume, macht das im Museum gezeigte Friedensverständnis deutlich. Die Besucher sollen einbezogen und auf verschiedenen Sinnesebenen angesprochen werden, um sich ihre eigenen Gedanken zu machen und im besten Falle aktiv zu werden. Wenn Sie möchten, können Sie im Garten der Villa auf der wunderschönen Liegewiese direkt am See über das Gesehene sinnieren oder nebenan dem Schweizerhaus einen Besuch abstatten.

Villa Lindenhof · Lindenhofweg 25 · 88131 Lindau · www.friedens-raeume.de
Haltestelle: Bahnhof Lindau, Bus 1, 2 dann 4

25 WELLNESSWELT IN DER THERME LINDAU

Die Therme Lindau nennt sich »Paradies aus Wärme und Wasser« – und da ist etwas dran. Immerhin stehen 13 000 Quadratmeter Nutzfläche für Badegäste bereit und in gleich sechs verschiedenen Becken erwartet die Besucher eine Vielzahl an Wasserattraktionen. Hier finden Sie sicher einen idealen Ort, um den Alltagsstress hinter sich zu lassen – nicht zu vergessen die direkte Aussicht auf See und Berge. Auf dem Gelände der Therme befindet sich auch eine Surfschule. Hier können Sie vor der imposanten Kulisse Lindaus Windsurfen oder Stand-Up-Paddling erlernen.

Therme Lindau · tgl. 9–24 Uhr · Eichwaldstraße 16–20 · 88131 Lindau
www.therme-lindau.com · www.surfschulelindau.de · Haltestelle: Bahnhof Lindau, weiter zu Fuß oder mit dem Fahrrad

26 DER NATURSANDSTRAND IN MANZELL

Er gilt als einer der schönsten Natursandstrände am Bodensee und ist in Manzell zu finden. Regelmäßig wird hier bei Wasserhochstand frischer Sand angeschwemmt und sorgt dann für das originale Sandstrandgefühl, das die Kenner anlockt. Die schönen Laubbäume passen zwar nicht so recht in dieses Bild, denn eigentlich ist so ein Anblick immer von Palmen gesäumt, aber für Schatten sorgen auch sie. Für kurze Zeit wähnen Sie sich vielleicht sogar auf einer Insel im Süden. Für das leibliche Wohl sorgt nebenan die weithin bekannte »Gartenwirtschaft zum Schorsch«. Sehr zu empfehlen!

Naturstrandbad Manzell · Sanitäre Anlagen bei gutem Wetter etwa Mitte April–Mitte Sept. geöffnet. · tgl. 11–22 Uhr · Strandbadstraße 11 · 88048 Friedrichshafen · **Stärr Schorsch**
In der Saison Ostern bis Mitte Okt. tgl. 11–22 Uhr, »außer wenn es aus Kübeln schüttet«
www.staerrschorsch.de · Haltestelle: Bahnhof Manzell

TEUFELSTISCH UND STRANDBAD

27

Am Wanderweg von Bodman in Richtung Konstanz liegen interessante Orte. Als Erstes kommen Sie, kurz vor der Marienschlucht, am »Teufelstisch« vorbei. Im Anschluss folgen die Strandbäder von Wallhausen und Dingelsdorf.

Der 22 Meter breite und zehn Meter tiefe Felsen ragt hier gegenüber einer Felsenformation aus der Tiefe des Bodensees. In Richtung See fällt die Felswand fast senkrecht knapp 90 Meter ab. Je nach Wasserstand liegt dessen »Teufelstisch« genannte flache Spitze 1,5 bis drei Meter unter der Oberfläche. Vom Ufer aus an der hellen Wasserfärbung und vom See aus am Seezeichen 22 zu erkennen. Aber Achtung, Tauchen ist hier wegen der Strömung sehr gefährlich, eine Sicht von unter zwei Metern und vier Grad kaltes Wasser sind keine Seltenheit im Bodensee. Daneben waren leider auch oft unsachgemäße Ausrüstung und Selbstüberschätzung die Ursache für zahlreiche tödliche Tauchunfälle. Tauchen unter diesen schwierigen Bedingungen ist gerade für Anfänger alles andere als zu empfehlen. Glücklicherweise gab es seit dem behördlichen Tauchverbot keine weiteren Todesfälle mehr. Doch der schaurige Tauchplatz hat immer noch seine Anhänger.

Weniger gefährlich ist es in den Konstanzer Natur- und Strandbädern. Bei freiem Eintritt können in Wallhausen Kinder am flachen Ufer im Sand spielen, während sich die Erwachsenen sonnen und den herrlichen Blick auf den See genießen. Wer will, kann sich beim Beachvolleyball austoben oder eine Runde auf dem 18-Loch-Mini-Golf-Platz spielen. Mit dabei ein Restaurant mit Kiosk.

Von Weitem sieht es aus, als ob ein Baum auf einer kleinen Insel steht. Das täuscht. Er steht am Ufer des Strandbades von Dingelsdorf, gleich nebenan, wo Sie der Hitze ebenso entfliehen und im Naturschutzgebiet baden können. Auch hier gibt es einen Kiosk mit Terrasse und einen Spielplatz für die Kleinen.

Strandbäder Wallhausen und Dingelsdorf · Strandbad Wallhausen Apr.–Okt. 10–24 Uhr, Strandbad Dingelsdorf Mai–Sept. · zwischen 78351 Bodman und 78465 Dingelsdorf www.konstanzer-baeder.de · Haltestelle: Bus Linie 4 bis Wallhausen, dann zu Fuß weiter

28 INDISCHE HEILKUNST AM BODENSEE

Hätten Sie gedacht, dass es indische Heilkunst am Bodensee gibt? Praktiziert von einer ausgebildeten Ayurveda-Ärztin aus Indien? Und Sie eine der ältesten Heilkunden der Welt und ihren ganzheitlichen Ansatz direkt am Bodenseeufer kennenlernen können? Kaum zu glauben, aber wahr.

Ayurveda, übersetzt mit »das Wissen vom gesunden Leben«, hat seine Wurzeln in Indien und wird dort seit weit mehr als 3000 Jahren praktiziert. Dabei handelt es sich weniger um eine Gesundheitsvorsorge als vielmehr um eine spirituelle Weisheitslehre: Nur, wer sich um den eigenen Körper, die Seele und den Geist sorgt und so in Einklang mit sich und der Welt lebt, kann seine Gesundheit erhalten – ein Leben lang. Eine Expertin für Ayurveda führt in Wasserburg gemeinsam mit einem deutschen Arzt das »Privatinstitut für Ayurveda und Naturheilkunde«. Dr. phil. Madhura Dixit und Dr. Stefan Rößler kombinieren Erkenntnisse aus dem Ayurveda mit denen aus der Schulmedizin und gehen als qualifiziertes deutsch-indisches Team individuell auf Ihre Bedürfnisse ein.

Auch, wenn Sie nur in den Ferien am Bodensee sind, können Sie die faszinierende Welt des Ayurveda in einer ambulanten Schnupperkur kennenlernen – ohne Ihre Urlaubspläne groß ändern zu müssen. Sie sollten sich lediglich zwei bis drei Tage Zeit nehmen, die Sie ganz individuell abstimmen können.

Jetzt tauchen Sie in Wohlbefinden ein: Nach einer ausführlichen Einführung zur Lehre des Ayurveda genießen Sie über die Tage eine Ganzkörper-Ölmassage mit Saunaanwendung, einen Stirnölguss, Gesichtsmaske, Ohrenkerzen und Energiegymnastik. Außerdem wird Ihre Konstitution bestimmt und Sie erhalten eine dementsprechend individuelle Ernährungsberatung. Im Abschlussgespräch gibt Ihnen Dr. Dixit Empfehlungen für Ihre Gesundheit, die Sie auch im Alltag zu Hause leicht umsetzen können. Wer nicht nur schnuppern, sondern gleich eine klassische zwei- bis dreiwöchige Ayurveda-Kur machen möchte, ist hier natürlich auch gut aufgehoben.

Privatinstitut für Ayurveda und Naturheilkunde · Halbinselstraße 43 · 88142 Wasserburg
Tel. 0 83 82/99 81 91 · www.bifan.de · Haltestelle: Bahnhof Wasserburg Bodensee, Fußweg ca. 10 Min.

29 HOTEL MIT KAISERLICHER VERGANGENHEIT

Modern und zeitlos sieht das Hotel aus. Das neue Badehaus, das direkt über dem Bodensee gebaut wurde, gilt sogar als Vorzeigeobjekt der Vorarlberger Holzbaukunst. Ob Sonnenanbeter im Sommer oder Kuchenliebhaber im Winter, hier kommen alle ins Schwärmen.

1905 erwarb Georg Hauber von den Freiherrn von Pöllnitz-Frankenstein den »Edelsitz Maihof« und den »Gasthof Anker«, um eine Heilstätte zu errichten. Im Jahr 1910 erfolgte dann der Umbau zum Hotel und die Eröffnung. Nach einer turbulenten Geschichte von Konkurs, unterschiedlichen Nutzungen als Kurheim, Strandhotel, Notunterkunft, Zollverwaltung, Reichszollschule, Reservelazarett und Kaserne eröffnete das Seehotel »Am Kaiserstrand« im Jahr 2010. Die Namensgebung führt übrigens auf den Besuch des Kaisers Karl I. im Jahr 1917 zurück, bei dem er den Standort als »den schönsten Strand Österreichs« bezeichnete.

Das Hotel befindet sich direkt am österreichischen Bodensee in Lochau bei Bregenz. Die strategisch günstige Lage mitten im Vierländereck Österreich – Deutschland – Schweiz – Liechtenstein und die vorhandene Verkehrsinfrastruktur schafften gute Rahmenbedingungen. Nicht nur der atemberaubende Panoramablick über das österreichische Rheintal, die Schweizer Alpenausläufer sowie den süddeutschen Bodenseeraum bis hin zum Lochauer Yachthafen machen die Besonderheit des Hotels aus, sondern auch die Ausrichtung nach Süden und Südwesten. Licht und Sonne pur.

Direkt am Hotel liegt der Schiffsanlegesteg »Am Kaiserstrand«, der von Fähren der Bodenseeschifffahrt angefahren wird. Der Bahnhof von Lochau ist nur wenige Schritte entfernt, und der Radwanderweg führt direkt vor der Haustüre vorbei, entweder in Richtung Bregenz oder Friedrichshafen. Viel Vergnügen auf den Entdeckungsreisen am Bodensee! Planen Sie von hier aus, dem Kaiserstrand, tolle Ausflüge nach Konstanz, Lindau, Überlingen, Meersburg oder auf die Inseln Reichenau und Mainau.

Seehotel Am Kaiserstrand · Am Kaiserstrand 1 · A–6911 Lochau bei Bregenz
www.seehotel-kaiserstrand.com · Haltestelle: Bahnhof Bregenz, weiter zu Fuß oder mit dem Fahrrad

SEEHOTEL

30 BADEN WIE VOR 100 JAHREN IM »MILI«

Das Nostalgiebad Mili ist ein auf Holzpfählen gebauter Traum direkt in der Bregenzer Bucht und die älteste Badeanstalt am Bodensee. Es scheint, als ob die Zeit stehen geblieben ist.

Als Militärbadeanstalt Bregenz wurde das »Mili« im Jahr 1825 als Schwimmschule für die Garnison in Bregenz und zur Ausbildung und Körperertüchtigung der jungen Rekruten erbaut. Hier mussten sie unter anderem schwimmen lernen. Ende des 19. Jahrhunderts wurde der eingeschossige Pfahlbau der Badeanstalt mit einer Verbindungsbrücke zum Ufer U-förmig erweitert. 1946 bietet der französische Militärgouverneur das Bad der Stadt Bregenz zum Kauf an und es geht 1961 schließlich in den Besitz der Landeshauptstadt über. Seither wird es liebevoll »Mili« genannt. Von 1977 bis 1978 wird der linke Trakt renoviert, der rechte wird durch einen Brand zerstört. Nach Abschluss der Wiederinstandsetzungsarbeiten 1979 erfolgt im Jahr 1983 zuerst der Neubau des Südtrakts und 1985 der des Nordtrakts.

Die Öffnungszeiten hängen stark vom Wetter ab, bei schönem Wetter ist täglich geöffnet. Grundsätzlich aber gilt: Das »Mili« hat geöffnet, wenn die Türe offen steht!

Wunderbar gelegen, in der Biege der Bregenzer Bucht, bietet der alte Holzbau eine einzigartige Atmosphäre. Über einen kleinen Steg gelangt man in das ganz aus Holz gebaute Kleinod. Die U-Form schirmt das Innere vom Ufer ab und öffnet sich mit herrlichem Blick auf den See. Innen wird der Badebereich von einer doppelstöckigen Galerie umsäumt, deren obere Etage teils in schattige Lauben und teils in offene Sonnendecks geteilt ist. Von der unteren Galerie führen Stege und Treppen nahe der Umkleidekabinen und dem Sanitärbereich, direkt ins Wasser. Hier können Sie noch baden wie vor hundert Jahren. Könnten die einzelnen Bereiche des geschichtsträchtigen Bades sprechen, die von den Gästen »Drachenfelsen«, »Afrika«, »Sonnendeck« und »Jungfernsteg« getauft wurden, hätten Sie sicher einiges zu berichten.

Nostalgiebad Mili Bregenz · Mai und Sept. tgl. 11–18 Uhr, Juni 10–19 Uhr, Juli und Aug. 10–20 Uhr · Reichsstraße Höhe Kiosk · A–6900 Bregenz · www.stadtwerke-bregenz.at
Haltestelle: Bahnhof Bregenz, weiter zu Fuß oder mit dem Fahrrad

Nostalgiebad Mili
Willkommen

EINER DER SCHÖNSTEN DORFPLÄTZE

31

Gottlieben ist mit seinen 300 Einwohnern die kleinste Gemeinde im Kanton Thurgau, deren gleichnamiges Schloss Mitte des 13. Jahrhunderts erbaut wurde. In einem der Türme wurde Papst Johannes XXII. gefangen gehalten und Kaiser Napoleon III. wohnte hier für kurze Zeit.

Das Örtchen Gottlieben im Kanton Thurgau ist mit Schiff, Bahn und Auto gut erreichbar und liegt doch abseits des großen Verkehrs. Ein Besuch lohnt sich unbedingt. Gleich neben dem historisch bedeutungsvollen Schloss am Seerhein mit seinem Ausblick auf den Untersee befindet sich ein sehenswertes Ensemble: Die Drachenburg und das Waaghaus wurden im 17. Jahrhundert erbaut und bilden – nicht nur nach Expertenmeinung – einen der schönsten Dorfplätze der Schweiz. Die Drachenburg gehört mit zwei zwiebelgekrönten Erkern, einer davon geht sogar über zwei Stockwerke, zu den auserlesensten Riegelhäusern und steht unter eidgenössischem Denkmalschutz.

Ein wunderschöner Spazierweg führt vom Konstanzer Stadtteil Paradies entlang des Rheins nach Gottlieben.

Über vier Generationen entwickelte und prägte die Familie Hummel in der Drachenburg und dem Waaghaus die Gottlieber Hotellerie und Gastronomie und machte damit das Dorf weit über die Landesgrenzen hinaus bekannt. Im Frühjahr 2020 übernahm die »Stiftung Drachenburg und Waaghaus« das Ensemble und machte sich an Sanierungs- und Umbauarbeiten. Glücklicherweise ist im Stiftungszweck festgeschrieben, dass die Häuser weiterhin als Hotel- und Gastro-Betriebe geführt werden. Das war der letzten Wirtin Anita Bischler-Hummel ein Herzensanliegen, »sonst hätten die drei Generationen zuvor umsonst gearbeitet«. Neueröffnung in alter Pracht: Frühling 2022.

Ein Abstecher zum nahen Schloss Arenenberg in Mannenbach, eines der am schönsten eingerichteten Schlösser am Seeufer, ist ebenfalls sehr zu empfehlen.

Stiftung Drachenhaus und Waaghaus Gottlieben · Am Schlosspark 7+10 · CH–8274 Gottlieben
https://stiftung-drachenburg-waaghaus.ch · Haltestelle: Bahnhof Tägerwilen-Gottlieben

32 DIE BESENBEIZ MIT GLÄSERNEM GASTRAUM

Aufgrund seiner Lage ist der Nohlbuck ein Kuriosum. Der Hofplatz ist teilweise auf deutschem Gebiet, der Bauernhof und die Besenbeiz befinden sich aber im Kanton Zürich. Bereits vor 200 Jahren führte ein Pilgerweg direkt am Hof vorbei. Schon damals existierte auf dem Nohlbuck ein Bauernbetrieb mit Gaststube. Hier konnten sich die Pilger in der Schenke verpflegen. Dieser historische Hintergrund bewog Maya und Hansueli Nohl-Aerne, die Tradition wieder aufleben zu lassen. Es gibt einen Bouleplatz, viele Tiere, einen Kinderspielplatz und eine Boutique. Spektakulär ist der Gläserne Gastraum der Besenbeiz direkt über dem Rhein.

Taverne Nohlbuck · Mi–Fr 11–14, 18–23 Uhr, Sa 11–23 Uhr, So 11– 20 Uhr · Nohlbuck CH–8212 Nohl · www.taverne-nohlbuck.ch · Haltestelle: Bahnhof Schaffhausen, S33, Dachsen, Bus 630

33 BADI BACHDELLE

Steil nach unten und durch den Wald führt der Weg. Ein kleiner Teich mit Seerosen zeigt sich durch das dichte Blätterdach, dann kommt ein Schwimmbecken in Sicht und dahinter fließt auch schon der Rhein. Nicht des Schwimmbeckens wegen kommen die Leute hierher, das ist eher klein. Nein, hier ist einfach alles entspannt und so schön ruhig, wie Sie es sich nur wünschen können. Keine Straße ist in Sicht, nichts als Wald. Für die mitgebrachten Würstchen brennt schon ein Feuerchen, selbst der Hund darf mit (wenn auch nicht in alle Bereiche). Aussichtsboote holen im Abstand von 30 Minuten die Badegäste am eigenen Anleger ab und bringen sie zum Rheinfall und anschließend wieder zurück.

Schwimmbad Dachsen · 15. Mai–15. Sept. tgl. 11–20 Uhr (in den Schulferien 10–20 Uhr) Badeanlage Bachdelle · CH–8447 Dachsen · www.badi-info.ch/zh/dachsen-schwimmbad.html Haltestelle: Bahnhof Dachsen

Ernst Mändli AG

Coca-Cola

EINFACH MAL NICHTS TUN IM BADI-BEIZLI

34

Eines haben die sogenannten Badis in der Schweiz gemein: Sie sind charmant und entspannt. Meistens ist auch ein bewirteter Kiosk dabei. Hier im Badi-Beizli gibt's sehr leckere handgemachte Burger mit Pommes, für Selbstversorger eine frei zugängliche Grillstelle.

Vom Parkplatz aus, der etwas außerhalb von Ermatingen direkt am schönen Rad- und Wanderweg von Konstanz/Kreuzlingen nach Stein am Rhein an einem kleinen Bahnübergang gelegen ist, führt ein Feldweg vorbei an den weitläufigen Grünflächen zum Eingang des Freibads, und gleich am Eingang steigt Ihnen schon der Duft von frisch zubereitetem Essen in die Nase.

Nun, eigentlich kommen die Leute ja zum Schwimmen hierher. Wer aber der Speisekarte des Badi-Beizlis und den Kochkünsten von Claudia Sabatino-Stämpfli nicht widerstehen kann, für den ist der Eintritt frei. Nur wenn Sie nach dem Essen das charmante Natur-Strandbad am Untersee nutzen möchten, um die eben dazugewonnenen überflüssigen Kalorien gleich wieder loszuwerden, müssen Sie bezahlen.

Für die meisten Besucher steht natürlich das Schwimmen im Seebad an erster Stelle. Wenn Sie möchten, können Sie im weitläufigen Areal des Naturbads aber auch Ihre Sprungtechnik am Drei-Meter-Brett verbessern, mit einem Floß in See stechen oder das große Fußballfeld sowie das Beach-Volleyballfeld nutzen, das vor den riesigen und wunderschönen alten Schwarzpappeln, die das Ufer säumen, zur freien Verfügung steht.

In Ermatingen, so die Werbung in einer Tourismusbroschüre der Stadt, steht die Erholung stets an erster Stelle: »Wir haben nichts, wir tun nichts und wir bieten nichts. Nichts, was Sie – unsere Gäste – in Ihrer Ruhe stört. Nichts, was Sie besonders erregt. Und schon gar nichts, bei dem Sie sich den absoluten Kick und/oder eine Verletzung holen können. Bei uns geht's im Grunde nur ums Erholen und Geniessen. So gesehen ist Ermatingen bestimmt der langweiligste Ferienort der Schweiz.«

Strandbad Ermatingen · Mitte Mai – Ende Aug. Mo–So 10–20 Uhr, Ende Aug. – Mitte Sept. Mo–Fr 12–18.30 Uhr und Sa, So 10–18.30 Uhr · Westerfeldstraße 48 · CH–8272 Ermatingen www.ermatingen.ch · Haltestelle: Bahnhof Ermatingen, weiter zu Fuß

35 EIN SEEBAD AUF STELZEN: DIE BADHÜTTE

Das historische Kastenbad auf Stelzen im Kanton St. Gallen liegt in der kleinsten Stadt der Schweiz. Rorschach ist gleichzeitig auch die südlichste Stadt am Bodensee und bietet jede Menge Sehenswürdigkeiten für entdeckungsfreudige Besucher.

Wenn Ihnen an warmen Tagen der Blick auf den See nicht genügt, haben Sie hier die Möglichkeit, der Badhütte von Rorschach einen Besuch abzustatten. Die kleine, historische Seebadeanstalt, die auf Stelzen aus dem Bodensee herausragt, ist über einen Steg zu erreichen und lohnt in jedem Fall einen Besuch, auch für diejenigen, die nicht baden möchten. Natürlich gibt es auch einen Kiosk.

Wer die Nähe zum See schätzt, wird diese Option zu schätzen wissen. In der Herberge des Strandbads kann auch übernachtet werden.

Nach dem Ersten Weltkrieg sind die Zeiten hart. Der Zusammenbruch der Stickerei-Industrie und die allgemeine Arbeitslosigkeit setzen der Gemeinde zu. Aber trotz gähnender Leere in der Stadtkasse wird die Planung einer neuen Seebadeanstalt in die Hand genommen. Soll doch der Bau dem Handwerk und Gewerbe neue Beschäftigung bringen. Am 9. Juni 1922 sind die Architekten Karl Köpplin aus Rorschach (Hochbau) und Ingenieur A. Brunner aus St. Gallen (Tiefbau) gefunden. Der Bau der Seebadeanstalt kann beginnen, und im März 1923 werden die Arbeiten von Niedrigwasser und schönem Wetter begünstigt. Auch die Handwerker leisten während der einjährigen Bauphase ganze Arbeit und stellen die Badhütte rechtzeitig zur Badesaison 1924 fertig.

Sie ist das einzig verbliebene Bauwerk dieser Art am Schweizer Bodenseeufer. Andernorts werden die Seebadeanstalten und nostalgischen Seebäder gehegt und gepflegt, denn unter Schutz gestellt sind sie nicht nur beliebte Touristenattraktionen, sondern auch wichtige Treffpunkte für die Bevölkerung.

Badhütte Rorschach · Mitte Mai – Mitte Juni 9–19 Uhr, Mitte Juni – Mitte Aug. 7–21 Uhr, Mitte Aug. – Mitte Sept. 8–19 Uhr · Thurgauer Straße · CH–9400 Rorschach
www.badhuette.ch · Haltestelle: Bahnhof Rorschach, Bus 244 Badhütte

MAL WIEDER ZEIT FÜR KULTUR!

36 WO DIE GÖTTER LACHEN UND DIE HEXE GRINST

Das »Hexenhäusle« in Hinteressach bei Neukirch im Allgäu ist das Vermächtnis des Malers Melchior Setz. Von 1957 bis zu seinem Tod im Jahr 1989 hat er daran gearbeitet.

Eine gelbe Hexe grinst vom Giebel, wacht über Rinderschädel, Zauberfratzen und über die stolze Dame im Bikini, die auf ihrem Holzfisch durch den Vorgarten schwimmt. Aus allen Ecken blickt und starrt und strahlt es den Besucher an. Auf der Inschrift am Querbalken ist »Die Götter lachten sich zu Tode« zu lesen.

Ja, hier hat einer seinen Obsessionen freien Lauf gelassen, gemalt, geschnitzt und fand sogar die Kraft, nach einem Brand im Jahr 1977 noch einmal ganz von vorn anzufangen. Keine Fläche blieb ungenutzt. Vor dem Eingang trägt ein Holzmännchen ein Schild: »Fürs Knipsen erbitt ich 50 Pfennig. Melchior Setz.«

Setz, 1904 in Zwiefalten im Landkreis Reutlingen geboren, war ein Außenseiter und Provokateur. Er rebellierte gegen die Kirche, trank, ging fremd – und seine fünfköpfige Familie hatte es nicht leicht mit ihm. Erst in seinen späten Jahren hatte er mit Hinterglasmalereien etwas Erfolg. Von seinen Wanderjahren durch ganz Europa brachte er jede Menge Anregungen für sein späteres Gesamtkunstwerk mit: Die aus Holz geschnitzten Giebel des polnischen Zakopane finden Sie hier ebenso wie die Masken einer Südsee-Ausstellung, die er in Zürich gesehen hatte. Die Gestalten der alemannischen Fasnacht sind ebenso in seine Arbeit eingeflossen wie die Dämonen seines eigenen Unterbewusstseins.

1994 übernahm Familie Schupp das bunte Anwesen. Mindestens einmal jährlich werden seitdem die Farben der Skulpturen aufgefrischt und morsche Hölzer ersetzt. Bleibt auch leider das Innere des Hauses dem Besucher verschlossen, gibt es draußen doch genug zu sehen – und von den Traufen ruft es Ihnen hinterher: »Die einen begreifen es nie. Die anderen noch später.«

Das Hexenhäusle · An der Landstraße L335 · Hinteressach 9, 88099 Neukirch
www.neukirch-gemeinde.de · Haltestelle: Bahnhof Ravensburg, Bus 21, 105.1

DIN
GG 25

DAS KLEINE MUSEUM IN HAGNAU

37

Auf der Suche nach einem Puppenherd für die kleine Tochter fing für Familie Rößler in der Vorweihnachtszeit des Jahres 1975 alles an. Aus einem wunderschönen Herd mit Wasserschiffchen wurde eine Sammlung, die sich sehen lassen kann.

Obwohl viel zu groß für die Küche des Puppenhauses, erstand ihn Familie Rößler nach einigem Hin und Her trotzdem. Damit war der Grundstein für ihre leidenschaftliche Sammlertätigkeit gelegt. Im Laufe der Jahre wurde die Sammlung aber so umfangreich, dass eine Lösung gefunden werden musste. Die Idee eines kleinen Museums lag deshalb nahe. Heute umfasst ihre Sammlung mehr als 50 Puppenstuben, Kaufläden und Küchen aus der Zeit von 1830 bis 1960, wobei der Schwerpunkt auf den älteren Exponaten liegt. Dazu kommen Puppen, Holz- und Blechspielzeug aus der Zeit des frühen Biedermeier bis in die 1950er-Jahre.

Bei der Präsentation der verschiedenen Exponate geben sich die Rößlers nicht zuletzt auch wegen der überschaubaren Größe ihres Museums viel Mühe und achten sehr auf die Originalität der Ausstellungsstücke. Sie verstehen das gezeigte Spielzeug als Spiegelbild von Wohnkultur und Mode. Im Museum wird dieses auf kleinstem Raum dargestellt und Groß und Klein anschaulich vermittelt. Vom schlichten Biedermeier über den vielfältigen Historismus, vom dekorativen Jugendstil, dem Art déco bis hin zu den 1950er-Jahren mit Nierentisch, Tütenlampe und Gummibaum gibt es Etliches zu entdecken.

Von Weinbergen, Obstgärten und viel Grün malerisch umgeben, liegt der Ort Hagnau direkt am Ufer des Bodensees. Auf dem Weg zum Museum, das etwas versteckt in einem Wohngebiet liegt, wird man hie und da von kleinen Männchen angelacht. Denn in dem Winzer- und Fischerdorf stehen lustig bemalte Wasserhydranten in regelmäßigen Abständen am Straßenrand. Vom Uferweg aus gesehen geht es steil den Berg hinauf, am besten folgen Sie einfach der Beschilderung.

Das kleine Museum · Mi, Sa und So 14–17 Uhr und auf Anfrage · Neugartenstraße 20
88709 Hagnau · www.puppen-und-spielzeugmuseum.de
Haltestelle: Bahnhof Friedrichshafen, Bus 7395

38 DER BILDHAUER PETER LENK

Hinweisschilder zum Bildhauergarten des Peter Lenk sucht man in Bodman vergebens, denn der Garten ist nicht öffentlich zugänglich. Die Skulpturen sind aber so monumental, dass Sie sie schon von Weitem sehen können.

Dort, wo in Bodman am Hang die Kaiserpfalzstraße endet, beginnt der Garten des aus Nürnberg stammenden Künstlers Peter Lenk. Etliche seiner Entwürfe und Werke, die hier zu sehen sind, werden Ihnen bekannt vorkommen. Stehen doch viele davon, zwar teilweise in einer anderen Größe, rund um den Bodensee verteilt an öffentlichen Plätzen und entlocken den meisten Betrachtern zumindest ein Schmunzeln.

Wenn man Glück hat, ist der kleine Verkaufsraum vor dem Haus geöffnet und der Künstler sogar selbst da. Hier können seine Postkarten und Bücher erworben werden.

Lenk liebt es zu provozieren, meist gelingt ihm das auch. Über seine Werke sagt er in einem Interview: »Der Boden, um meine Werke in meiner Denkweise zu schaffen, ist nur in Deutschland vorhanden. Die Deutschen sind noch am ehesten zur Selbstironie fähig und auch tolerant genug, meine Provokationen zu ertragen und zu verstehen. Doch auch hier stoße ich oft auf starken Widerstand«.

Ein Querschnitt seiner Kunst steht hier in Bodman in Form von Entwürfen und Abgüssen auf zwei Wiesen verteilt. Trotz der Vielzahl der Objekte in dieser Freilichtausstellung lässt sich aber nur erahnen, welch ein riesiges Werk im Lauf seines 40-jährigen Schaffens entstanden ist.

Nach dem Studium an der Stuttgarter Kunstakademie wollte Peter Lenk Kunstlehrer werden. Diese Laufbahn fand ihr vorzeitiges Ende, weil er die Notengebung seinen Schülern überlassen hatte. Danach lebten Lenk und seine Frau lange Zeit von der Töpferei. Als Bildhauer machte Lenk mit umstrittenen Plastiken aus Gussbeton auf sich aufmerksam. So installierte er noch vor dem Mauerfall am Checkpoint Charlie die Stelzenfiguren »Berliner Mauerkieker«.

Bildhauergarten Peter Lenk · Kaiserpfalzstraße 20 · 78351 Bodman
www.peter-lenk.de · Haltestelle: Bahnhof Ludwigshafen, Bus 7375

LADEN

Literatur

DAS MÜHLENWEG MUSEUM IM BAHNHOF

39

»Wie traurig muss es sein«, sagte die Frau, »nicht als Mongole geboren zu sein!« »Gewiss«, bestätigte der Alte, »es ist ein Unglück; aber welch ein Glück für ihn, dass er den Weg zu uns gefunden hat.« (aus: Fritz Mühlenweg: *In geheimer Mission durch die Wüste Gobi.)*

Im Obergeschoss des Allensbacher Bahnhofs befindet sich seit 2012 eine literarische Dauerausstellung über den Schriftsteller und Maler Fritz Mühlenweg. Von diesem Bahnhof aus startete Mühlenweg 1951 als Bestsellerautor zu seinen Lesereisen durch Deutschland, Österreich und die Schweiz. Die Begegnungen und Eindrücke verarbeitete er später in zwei Romanen, zahlreichen Erzählungen, Gedichten und Bildern. Mühlenweg wurde 1898 in Konstanz geboren und starb 1961 in Allensbach. Das Mühlenweg Museum inszeniert diese spannende Biografie vom Kaufmann zum Mongolei-Reisenden, zum Künstler und vor allem Mühlenwegs Leistung einer erzählerischen Kulturvermittlung. In fünf Räumen werden unter anderem Fotografien, der Expeditionsfilm, Exponate und erstaunliche Leihgaben der Familie sowie aus dem Nachlass gezeigt.

In der Galerie Kunstzeit in Allensbach finden ebenfalls sehenswerte Ausstellungen statt.

Im Mittelpunkt stehen Leben, künstlerische Produktivität und Wirkung eines Mannes, über den es am Eingang der Dauerausstellung heißt: »Fritz Mühlenweg (1898–1961), Drogist, Abenteurer, Maler, Schriftsteller und Mittler der Mongolei und viel begehrter Autor.« Es geht im Allensbacher Museum aber um weit mehr. Den Schulabbrecher, der seine Bücher ohne Kontakt zur Literaturszene schrieb. Den körperlichen Draufgänger und erfolgreichen Kaufmann, der mit dem Gelddenken brach und aus der Mongolei eine neue Nachdenklichkeit zurückbrachte. Den Familienmenschen, der als freier Künstler mit seiner Frau, der Malerin Elisabeth Kopriwa, zusammen sieben gemeinsame Kinder großzog.

Mühlenweg Museum · Mitte Sept.–30. Juni Mo–Fr 9–12, 14–17 Uhr, 1. Juli–15. Sept. Mo–Fr 9–18 Uhr, Sa 10–13 Uhr · Im Bahnhof · 78476 Allensbach www.mühlenwegmuseum.de · Haltestelle: Bahnhof Allensbach

40 BERÜHMTE FUNDE AUS DER JUNGSTEINZEIT

Das Museum Fischerhaus ist eines der ältesten Gebäude Wangens und zeigt eine große Auswahl jungsteinzeitlicher Funde aus der Wangener Pfahlbaubucht am Hinterhorn.

In einem der ältesten Gebäude des Ortes präsentiert das Museum Fischerhaus eine Auswahl jungsteinzeitlicher Funde aus der Wangener Pfahlbaubucht am Hinterhorn. Die Erforschung der Pfahlbauten nahm hier 1856 durch Kaspar Löhle ihren Anfang. In der Wangener Bucht befanden sich vor 4000 bis 6000 Jahren jungsteinzeitliche Siedlungen, die zu den ältesten am gesamten Bodensee gehören. Das Fischerhaus zeigt eine umfangreiche Sammlung von Keramikgefäßen, Stein- und Knochenwerkzeugen und Textilfunde aus Lein- und Lindenbastfasern wie z. B. den berühmten »Wangener Hut«. Das Welterbekomitee der UNESCO hat auch Wangen-Hinterhorn in die Liste des Weltkulturerbes aufgenommen. Über 900 Tierarten und 450 Pflanzenarten aus der Urzeit vor 13 Millionen Jahren wurden ab dem 17. Jahrhundert wissenschaftlich beschrieben. Zu den berühmtesten Fundstücken zählt neben Schildkröten, Fischen und Pflanzen ein versteinerter Riesensalamander, der von dem Universalgelehrten Johann Jakob Scheuchzer aus Zürich 1725 irrtümlich als »ein in der Sintflut umgekommener armer Sünder« beschrieben wurde.

Im Bootsstüble kann sogar im Zirkuswagen übernachtet werden!

Richtung Anleger taucht kurz nach dem Fischerhaus das Bootsstüble von Wangen auf. Es ist ein kleiner Familienbetrieb, der neben dem Hauptangebot, nämlich Bootstouren auf Rhein und Untersee sowie dem Bootsverleih, verschiedene Räumlichkeiten für Familienfeste, Betriebsausflüge und Geburtstagsfeiern zur Verfügung stellt und verpachtet. Neben den Kanufahrten sind dem Bootsstüble-Team seine kulturellen Veranstaltungen sehr wichtig. In der urigen Atmosphäre der großen Scheune am See finden Konzerte, Lesungen, Theateraufführungen und Ausstellungen statt.

Museum Fischerhaus · Mitte April–Mitte Oktober Do–So 14–17 Uhr, auch an Feiertagen
Seeweg 1a · 78337 Öhningen-Wangen
www.museum-fischerhaus.de, www.bootsstueble.de · Haltestelle: Bahnhof Radolfzell, Bus 7368

Museum
Fischerhaus

VON DEN FUGGERN BIS ZU MARTIN WALSER

41

Im Jahr 1597 wurde das »Malhaus« in Wasserburg als Gerichtshaus der Fugger erbaut und wechselte in der Folge mitsamt der Wasserburg des Öfteren seinen Besitzer oder diente als Spekulationsobjekt.

Seit den Achtzigern wird das kleine, ehrenamtlich geführte Museum als Ausstellungsort genutzt. Die verschiedenen Dauerausstellungen gewähren Ihnen Einblicke in die Fischerei am Bodensee und zeigen Präparate der wichtigsten Bodenseefische und Seevogelarten. Es zeigt auch »Hexenzellen«, die an die Hexenverfolgung in Wasserburg erinnern, sowie Ausgrabungsfunde aus Alt-Wasserburg. Im Volksmund auch Martin-Walser-Haus genannt, ist das Malhaus nicht zuletzt für seine literarische Dauerausstellung bekannt, die den Wasserburger Ehrenbürgern Dr. Horst Wolfram Geißler und Dr. Martin Walser gewidmet ist.

Als zweiter Sohn eines Gastwirts und seiner Ehefrau Auguste wuchs Martin Walser in der geschäftigen Welt des Wasserburger Bahnhofsrestaurants auf und besuchte die Volksschule im Vogthaus hinter dem Schloss. 1938 wechselte er in die Oberrealschule auf der Lindauer Insel und wurde noch vor dem Abitur 1943 zum Militärdienst als Flakhelfer eingezogen. Das Kriegsende erlebte er allerdings als junger Gebirgsjäger und kam in amerikanische Kriegsgefangenschaft nach Garmisch. Nach seiner Rückkehr an den Bodensee machte er 1946 sein Abitur, studierte in Regensburg und in Tübingen Geschichte, Philosophie und Germanistik und promovierte 1951. Nach erfolgreichen Jahren als Journalist beim Südwestfunk und ersten literarischen Gehversuchen gelang ihm mit seinem Roman *Ehen in Philippsburg* 1957 der Durchbruch.

Das Museum zeigt im obersten Stockwerk eine Sammlung nahezu all seiner Werke und viele Erinnerungsstücke an längst vergangene Tage.

Im kleinen Kiosk auf der Seeseite gibt es leckeren Fisch, Kaffee und Kuchen. So können Sie entspannt dem Trubel am Anleger zusehen.

Museum im Malhaus · Mitte April–Ende Okt. Mi–Fr 10.30–12.30, So 10.30–12.30 und 14–16 Uhr
Halbinselstraße 77 · 88142 Wasserburg · Tel. 08382/8 95 16
www.museum-im-malhaus.de · Haltestelle: Bahnhof Wasserburg

42 DAS LUFTFAHRT-MUSEUM IM HANGAR

Schon von Weitem sticht die moderne Architektur des Museums ins Auge. Der Neubau in Form eines Hangars zeichnet eine Rollfeld-Abzweigung des Flughafens nach und verleiht dem Erbe Dorniers dadurch einen authentischen Rahmen.

Schon aufgrund seiner Form wird das Gebäude gleich zwei ganz unterschiedlichen Ansprüchen gerecht. Zum einen bietet es auf 5000 Quadratmetern ausreichend Fläche für die zahlreichen Flugzeuge, zum anderen genügend Platz für den Museumsbereich über dem Foyer. In diesem Teil des Museums wird der umfangreiche Fundus mit knapp 400 Exponaten, für den der Name Dornier seit über hundert Jahren mit seiner Luft- und Raumfahrtgeschichte steht, gezeigt. Darunter zwölf Originalflugzeuge, sieben

1:1-Exponate aus der Raumfahrt und zwei originalgetreue Nachbauten der Flugzeuge »Dornier Merkur« und »Dornier Wal«. Am Vorabend des erfolgreichen Erstflugs des Riesenflugbootes »Rs II« war das junge Team der Abteilung Do um Claude Dornier in Friedrichshafen Seemoos in zwei Lager geteilt. Eine große Gruppe Pessimisten und eine kleine Gruppe von Optimisten, die daran glaubten, dass Claude Dorniers zweiter Flugbootentwurf am nächsten Tag abheben würde. So lautete auch das »erfolgreiche« Abendgebet des Prokuristen Franz Bucher der Abteilung: Es spricht der Bub am Schwabenmeer: »Du lieber Gott, ich bitt Dich sehr, Schau dort den Wasservogel liegen, Der soll statt schwimmen morgen fliegen [...].«

Wenn auch die ersten Testflüge auf dem nahe gelegenen Flughafen Altenrhein stattgefunden haben, ist Friedrichshafen die eigentliche Geburtsstätte der Firma Dornier. Die Nähe des Museums zum hiesigen neuen Flughafen macht die Entwicklung von den Anfängen der Luftfahrt bis zum heutigen Flugverkehr erlebbar. Nach einem Museumsbesuch können Sie im hauseigenen »Do-X«-Restaurant kleine Leckereien aus regionalen Produkten probieren und den Flugverkehr inklusive dem Zeppelin NT beobachten.

Dornier Museum · Mai–Okt. tgl. 10–17 Uhr Nov.–April Di–So 10–17 Uhr, Claude-Dornier-Platz 1
88046 Friedrichshafen · www.dorniermuseum.de · Haltestelle: Flughafen

KUNST UND AUTOS: DAS MAC MUSEUM

43

Die außergewöhnliche Kombination von Autos und Kunst unter einem Museumsdach hat mit der Sammlerleidenschaft des Stifterpaares zu tun. Das MAC folgt der Idee, Kunstfreunde für das Automobil zu interessieren und Automobil-Enthusiasten die Welt der Kunst nahezubringen.

Nach unzähligen Entwürfen fand das Unternehmerpaar Gabriela Unbehaun-Maier und Hermann Maier schließlich in der Silhouette der Festungsruine Hohentwiel die äußere Form des Museums. Nur wollte es deshalb niemand bauen. Erst später fand sich eine Lösung und am 24. November 2013 eröffnete das MAC – Museum Art & Cars in Singen. Hier werden wechselnde Ausstellungen in Kombination mit Oldtimern gezeigt.

Eine der umfangreichsten und zugleich am wenigsten bekannten Kunstsammlungen der Region wurde 1993 unter dem Namen Südwestdeutsche Kunststiftung gegründet. Ohne ein passendes Ausstellungsgebäude konnten die Bestände selten gezeigt werden. Mit dem Museum MAC – Art & Cars hat sich dieser Zustand endlich verändert, und die wertvollen Kunstschätze sind für die Öffentlichkeit dauerhaft erlebbar. Ein Schwerpunkt liegt unter anderen auf den sogenannten »Höri-Malern«.

Nach einem Museumsbesuch lohnt ein Abstecher auf die Festungsruine Hohentwiel.

Das bekannteste ausgestellte Auto ist der Lorraine-Dietrich 16 CV von 1910 sowie der Silberpfeil Mercedes W 154 mit V 12 Motor und 425 PS von 1939. Der Mercedes wurde von Manfred von Brauchitsch und Rudi Caracciola gefahren. Außerdem werden Fahrzeuge der Marken Th. Schneider (Bj. 1911), Charron (Bj. 1910), Isotta Fraschini (Bj. 1926) und der Bugatti Typ 251 präsentiert.

Das Haus soll bewahren, Sammlungen schützen und auf Dauer zusammenhalten. Es muss eine Geschichte erzählen, von seiner Funktion, vom Ort und von sich selbst.

MAC – MUSEUM ART&CARS · Mi–Sa 14–18 Uhr, So 11–18 Uhr
Parkstraße 1 gegenüber der Scheffelhalle · 78224 Singen
www.museum-art-cars.com · Haltestelle: Singen Landesgartenschau

44 ZEITREISE MIT AUTOMOBIL UND TRAKTOR

Im März 2013 eröffnete das Traktormuseum in Gebhardsweiler, im Frühjahr 2017 kam die Autosammlung von Fritz B. Busch dazu. Heute werden hier auf mehr als 10 000 Quadratmetern über 350 Fahrzeuge sowie alte Handwerksstätten mit Werkzeugen gezeigt – eine spannende Zeitreise.

Dass Gerhard Schumacher ein Faible für alte Traktoren hat, ist unübersehbar. Diese in einem eigenen Museum zu zeigen, war dann nur noch eine Frage der Zeit, und die passende Idee wurde schließlich an einem Stammtisch geboren. Auf der Suche nach einem geeigneten Standort wurde schnell klar, es sollte ein schöner Platz am Bodensee sein. Leichter gedacht als getan, wurde nach fünf langen Jahren der Suche mit dem Jägerhof in Gebhardsweiler ein passender Standort gefunden. Im Jahr 2011 konnte dann mit dem umfangreichen Bau begonnen werden. Anhand der unterschiedlichsten Traktoren aus aller Herren Länder und Kontinente werden die ersten Versuche gezeigt, die unternommen wurden, um die Landwirtschaft zu motorisieren und vom tierischen auf einen technischen Antrieb zu wechseln. Das Museum zeigt aber nicht nur Traktoren in großer Vielfalt im historischen Kontext, sondern auch viele alte Handwerksstätten und seit Frühjahr 2017 die berühmte und beliebte Fahrzeugsammlung von Fritz B. Busch – eine spannende Erweiterung. Fritz B. Busch war Deutschlands bekanntester Autotester und ein Pionier unter den Auto-Journalisten.
Wie das Leben einer Dorfgemeinschaft vor etwa 100 Jahren ausgesehen haben mag, können Sie sich anhand der nachgestellten Arbeitsplätze von Küfer, Holzschuhmacher oder Schmied bildlich vorstellen. Zudem bietet sich Ihnen die Möglichkeit, eine alte Schule zu sehen und viele technische Geräte, die im Laufe der Jahrzehnte für Erleichterung im täglichen Leben gesorgt haben. Die Anzahl der gezeigten Exponate ist unzählbar und macht Ihren Besuch des Museums zu einem beeindruckenden Erlebnis.

Auto & Traktormuseum Bodensee · Mai–Okt., Mo–So 9.30–17.30 Uhr, Nov.–Apr. Di–So 10–17 Uhr
Gebhardsweiler 1 · 88690 Uhldingen-Mühlhofen Tel. 0 75 56/92 83 60 · https://autoundtraktor.museum · Haltestelle: Bahnhof Uhldingen-Mühlhofen, Bus 7394

BULLDOG

45 DIE ÄLTESTE DORFKIRCHE

Die im Volksmund »Frenkenbacher Münster« genannte Kirche ist eine der ältesten im gesamten Bodenseeraum und steht in Frenkenbach an einem Sträßchen zwischen Hagnau und Kippenhausen.

Die Kirche St. Oswald und St. Otmar wurde im 12. Jahrhundert im romanischen Stil erbaut und liegt am Immenstaader Kreuzspazierweg. Das Mauerwerk besteht zum größten Teil aus unverputzten Feldsteinen, die teilweise in Bändern mit Fischgrätmustern verlegt wurden. Frühere Fresken sind nicht mehr vorhanden, aber drei Reliefs hängen jetzt in Hagnau. Die aus dem Jahr 1677 stammende größere Kirchenglocke ist eine der ältesten im Bodenseeraum. 1760 wurden die ursprünglichen kleinen Rundbogenfenster durch große Fenster ersetzt. Die Kirche ist Teil der Kirchengemeinde Hagnau, obwohl Frenkenbach seit der Kreisreform 1973 zu Immenstaad gehört. Sie ist zu jeder Jahreszeit ein beliebtes Zwischenziel von Wanderern und Spaziergängern, die auf einem der vielen Wanderwege rund um Hagnau und Immenstaad unterwegs sind.

Entlang des Kreuzspazierweges finden sich noch weitere schöne Kirchen und fast vergessene Zeugnisse christlichen Glaubens.

Seit dem Jahr 2005 ist auf Initiative von Pfarrer Wolfgang Demling die Krippe des Freiburger Weihnachtsmarktes jeweils von Heiligabend bis Mariä Lichtmess in Frenkenbach aufgebaut. Sie wurde im Kern in den Jahren 1987 bis 1989 von Edgar Spiegelhalter gefertigt, der sie aber seitdem behutsam erweitert hat. Als letzte Ergänzung kam 2008 der über der Krippe schwebende Weihnachtsstern dazu. Die Krippe passt in Größe und Gestaltung optimal zum Frenkenbacher Kirchlein und zieht in den sechs Wochen besonders viele Besucher an. Das sah wohl auch Edgar Spiegelhalter so: Nach siebenmaligem Ausleihen an die Hagnauer Kirchengemeinde hat er sie jetzt endgültig an den Bodensee verkauft. Weitere Informationen zur Kirche und zu allen weiteren Wegkreuzen entlang der Strecke finden Sie im Internet.

St. Oswald und St. Otmar Kirche · Frenkenbacher Straße · 88090 Immenstaad-Frenkenbach
www.immenstaad-tourismus.de · Haltestelle: Bahnhof Friedrichshafen, Bus 7395

DIE KAPELLE DES HEILIGEN BLASIUS

46

Ein architektonisches Schmuckstück der Halbinsel Höri ist sicher die Kapelle St. Blasius aus dem 16. Jahrhundert. Vor einigen Jahren komplett renoviert, gilt sie als Mittelpunkt der Baudenkmäler von Kattenhorn.

Im 16. Jahrhundert, als der reformatorische Bildersturm wütete, wurden auf Anordnung reformatorischer Theologen Gemälde, Skulpturen, Kirchenfenster und andere Werke mit Darstellungen Christi und der Heiligen sowie weiterer Kirchenschmuck, teilweise sogar Orgeln, aus den Kirchen entfernt. Die Bilder und Schmuckgegenstände wurden dann entweder verkauft, in Privatbesitz überführt, vernichtet oder beschädigt.

Aber damals soll sich etwas Seltsames ereignet haben. Es wird nämlich erzählt, dass in dem in der Schweiz gelegenen Mammern nicht nur Bücher verbrannt wurden, sondern auch eine Figur des heiligen Blasius in den See geworfen wurde. Als diese schließlich senkrecht schwimmend nach Kattenhorn getrieben wurde, empfanden die Einwohner dies als höheres Zeichen. Deshalb errichteten sie durch einen Anbau im Eckturm der Schlossmauer im Jahr 1520 eine Kapelle, in der die Figur ihren neuen Platz fand. Das Schloss Kattenhorn im gleichnamigen Weiler wird erstmals 1391 erwähnt. Bereits am 16. Oktober 1166 bestätigt Kaiser Friedrich I. (Barbarossa) zu Augsburg dem Stift Öhningen Besitzungen, darunter auch Cattenhorn. Es soll ein Reichslehen der Hohenklingen gewesen sein. Die ehemalige Wasserburg wurde vermutlich um die Mitte des 14. Jahrhunderts erbaut. Nach weiteren Besitzerwechseln gelangte sie wieder in Privatbesitz.

Ein Besuch des ehemaligen Augustiner Chorherrenstifts Öhningen lohnt.

Bis heute finden in der Kapelle regelmäßig Gottesdienste statt, und die Bewohner Kattenhorns verehren den heiligen St. Blasius als ihren Schutzpatron. Seit einer Renovierung vor einigen Jahren, erstrahlt sie wieder in neuem Glanz. Geöffnet ist die Kapelle, wenn die Tür nicht verschlossen ist. Gehen Sie einfach hinein!

Kapelle St. Blasius · tgl. 9–17 Uhr · Schloßstraße · 78337 Öhningen-Kattenhorn · Tel. 07735/6 02
www.oehningen-tourismus.de · Haltestelle: Bahnhof Radolfzell, Bus 7368

DIE OTTO-DIX-FENSTER 47

Die berühmten »Dix-Fenster« der Petruskirche in Kattenhorn sind weit über die Grenzen der Höri bekannt. Die Kirche gilt als ein Kleinod.

Zwischen Wangen und Öhningen, bequem zu Fuß von beiden Orten zu erreichen, liegt sie, die erste evangelische Kirche auf der Halbinsel Höri. Anfang der 1950er-Jahre hatten die evangelischen Christen bereits über tausend Gemeindeglieder. Deshalb beschlossen sie, ein eigenes Gotteshaus zu bauen. 2009 wurde ebendiese vom evangelischen Gemeindepfarrer und Oberkirchenrat Hansjörg Sick erbaute Petruskirche 50 Jahre alt. Nachdem der damalige Pfarrer Juzzler verschiedene Künstler wegen eines Entwurfs für die Kirchenfenster angesprochen hatte, darunter auch Otto Dix, meldete sich dieser nur eine Stunde nach dem Anruf des Pfarrers zurück und sagte ihm, er könne den Entwurf abholen. In einer anonymen Auswahl wurde dieser Entwurf dann unter etlichen anderen mit großer Mehrheit gewählt. Nun muss man wissen, dass die Höri schon seit jeher viele Künstler anzog.

Die 1959 nach Entwürfen von Otto Dix gefertigten Fenster gehören zu den flächenmäßig größten Werken des einst auf der Halbinsel Höri lebenden und wirkenden Künstlers. Sie zeigen Szenen aus dem Leben des Apostels Petrus, seines »Verrats« am verurteilten Christus bis zu hin zu seiner Berufung durch Christus zum »Felsen, auf dem ich meine Kirche aufbauen werde«. Da einzelne Scheiben bereits Risse aufwiesen und die äußere Schutzverglasung so dünn war, dass sie keinem ordentlichen Herbststurm mehr standhalten konnte, wurde die Kirche vor Kurzem gründlich renoviert. Die Fenster kann man jederzeit besichtigen, denn evangelische Kirchen sind auch die Woche über offen. Otto Dix gilt heute als einer der bedeutendsten deutschen Künstler des 20. Jahrhunderts. Sein engagierter und ambivalenter Realismus bleibt brisant. Mehr über den Künstler können Sie in Hemmenhofen im Museum Haus Dix erfahren.

Dix-Fenster in der Petruskirche · Oberhaldenstr. 1 · 78337 Öhningen-Kattenhorn
www.evKirche-hoeri.de · Haltestelle: Bahnhof Radolfzell, Bus 7368

48 DAS MUSEUM HAUS DIX

Das Museum im ehemaligen Wohnhaus der Familie Dix in Hemmenhofen bietet die Gelegenheit, das Umfeld eines der bedeutendsten Künstler des 20. Jahrhunderts näher kennenzulernen.

In den 1920er-Jahren wurde Otto Dix zum führenden Vertreter der Neuen Sachlichkeit. Heute gilt er als einer der bedeutendsten deutschen Künstler des 20. Jahrhunderts und ist sich zeitlebens treu geblieben. »Ich mal' weder für die noch für die. Tut mir leid. Ich bin eben 'n derartig souveräner Prolete, nicht wahr, dass ich sag: Das mach ich! Da könnt ihr sagen, was ihr wollt. Wozu das gut ist, weiß ich selber nicht. Aber ich mach's. Weil ich weiß, so ist das gewesen und nicht anders«, sagte Otto Dix 1963.

Während des Dritten Reichs verlor er 1933 als einer der Ersten seine Professur an der Dresdner Akademie. Daraufhin zog er mit seiner Frau Martha und den drei Kindern nach Randegg und 1936 schließlich in das Wohnhaus in Hemmenhofen. Hier arbeitete Otto Dix zunehmend mit der Bodenseelandschaft als Motiv und wohnte bis zu seinem Tod im Jahr 1969 in dem Haus am See.

2005 wurde das Haus Dix samt Garten zuerst in das Denkmalbuch des Landes Baden-Württemberg eingetragen und, um das Anwesen auch zukünftig erhalten zu können, im Jahr 2010 von der Otto-Dix-Haus-Stiftung e.V. erworben. Denkmalgerecht saniert und museal ausgestattet, übergab der Verein das Museum Haus Dix im Juni 2013 an das Kunstmuseum Stuttgart, das eine weltweit bedeutende Sammlung von Werken des Künstlers besitzt. Das Haus wurde teilweise mit Originalmöbeln ausgestattet und vermittelt einen Eindruck vom Leben der Familie Dix. An den Wänden verweisen Reproduktionen auf die Meisterwerke des Malers, die einst die Räume schmückten und sich nun in Museen auf der ganzen Welt befinden. Ein besonderes Highlight wartet im Keller: Hier können Sie farbenfrohe Wandmalereien bestaunen, die Dix für eine Fastnachtsparty entwarf und die erst 2012 bei Sanierungsarbeiten wiederentdeckt wurden.

Museum Haus Dix · 1. April–31. Okt. Di–So 11–18 Uhr, Mo geschlossen
Otto-Dix-Weg 6 · 78343 Gaienhofen-Hemmenhofen
www.kunstmuseum-stuttgart.de/museum-haus-dix · Haltestelle: Bahnhof Radolfzell, Bus 7368

49 GEISTESBLITZE IM SUSO-HAUS

Die bauliche Renovierung geschah im Zusammenspiel mit einer Erneuerung der Ideen und findet hier im Geburtshaus Heinrich Seuses in der Suso-Gasse 10 in Überlingen am Bodensee ihre Berechtigung.

Zum einen wird hier dem mittelalterlichen Mystiker und Dichter Heinrich Seuse (lat. Suso) gedacht. Wesentliche Merkmale seiner Weglehre werden dem an Mystik und Spiritualität interessierten Menschen anhand seines hinterlassenen schriftstellerischen und bildnerischen Werkes nahegebracht.

Zum anderen entstand ein Ort der lebendigen Auseinandersetzung mit dem eigenen Wort; dies geschieht in der kreativen Schreibwerkstatt, dem WortRaum. Regelmäßige Lesungen und Konzerte sowie themenbezogene musikalisch-sprachliche Improvisationen ergänzen das laufende Kulturprogramm und machen aus dem Suso-Haus einen Ort der Begegnung.

> **Aktuelle Termine sind im Internet zu finden.**

Im Zentrum des Hauses befindet sich der sogenannte Quellturm: Ausgehend vom Molassefelsenkeller zieht sich vertikal eine Skulptur aus Stein, Ton, Wort und Licht durch das mittelalterliche Haus. Damit wird versucht, der Vorstellung von einem gelungenen Lebensweg des Menschen hin zu umfassender Gelassenheit im aktuell sich zeigenden Strom christlicher Mystik sinngemäßen Ausdruck zu geben. Durch den Quellturm ist die plastische Darstellung des Wasserkreislaufs durch sämtliche Etagen des Hauses gelungen. Im Keller befindet sich nämlich ein Brunnen, der früher der Wasserversorgung diente. Jetzt fällt hier im Sekundentakt ein steter Wassertropfen vom Dachgeschoss durch Öffnungen in den Decken der Etagen und wirkt durch entsprechende Beleuchtung jedes Mal wie ein kleiner Blitz. Vielleicht wie eine Art Geistesblitz, wie sie im Suso-Haus überall zu finden sind. Im Rahmen des Kulturprogramms finden Führungen, Vorträge, kreative Schreibwerkstätten, ein philosophisches Frühstück, Gespräche und Meditationen statt.

Suso-Haus · Suso-Gasse 10 · 88662 Überlingen · www.susohaus.de, www.quellturm.de
Haltestelle: Bahnhof Überlingen, dann zu Fuß weiter

50 DAS NEUE SCHLOSS TETTNANG

Das Neue Schloss Tettnang zählt wohl zu den schönsten Schlössern Oberschwabens. Die prächtigen Möbel und die mit Stuck verzierten Räume ermöglichen einen Einblick in den fürstlichen Lebensstil des Montforter Adelsgeschlechts.

Neben dem Torschloss, in dem die Grafen von Montfort residierten, und dem Alten Schloss, das heute als Rathaus genutzt wird, ist das Neue Schloss eines der drei Schlösser Tettnangs. Graf Anton III. von Montfort beauftragte 1712 den Architekten Christoph Gessinger, einen Entwurf für ein neues Schloss zu erstellen. Aufgrund großer Schulden wurden die Arbeiten aber kurz vor der Fertigstellung nach Graf Antons Tod 1733 eingestellt. Nach einem Brand dauerten die Restaurierungsarbeiten, die erst durch finanzielle Hilfe Österreichs ermöglicht wurden, bis 1770. Baumeister, der dem Rokoko zuzuordnenden Arbeiten, war Jakob Emele.

Auf www.schloss-tettnang.de wird regelmäßig über die aktuellen Ausstellungen und Veranstaltungen informiert, auch über die der anderen Häuser.

Was aber macht es zu einem der schönsten Schlösser Oberschwabens? Es mag daran liegen, dass einerseits die bedeutendsten Künstler ihrer Zeit die Ausgestaltung des wiederaufgebauten Barockschlosses übernahmen, andererseits an der wertvollen Innenausstattung und nicht zuletzt an dem malerischen Ausblick über den Bodensee und die Alpen. Wenn Sie die gräflichen Appartements, das Fürstenzimmer samt Vaganten-Kabinett, den Bacchussaal und die Schlosskapelle gesehen haben, werden Sie verstehen, warum die Grafen von Montfort über 500 Jahre in Tettnang residierten. Weil während des gesamten 18. Jahrhunderts an Schloss Tettnang gebaut wurde, bietet es einen Querschnitt durch die Architektur des Barock und des Rokoko bis hin zum Klassizismus. Sein Grundriss folgt sogar noch Vorbildern aus der Renaissance. Das inzwischen in bürgerlichen Besitz gelangte Schloss wurde in den Jahren 1960 bis 1982 erneut restauriert und ist seit 1997 weitgehend öffentlich zugänglich.

Neues Schloss Tettnang · 1. April–31. Okt. Di, Do, Feiertag 11–17 Uhr. Besichtigung nur im Rahmen einer Führung · Montfortplatz 1 · 88069 Tettnang · www.schloss-tettnang.de
Haltestelle: Bahnhof Meckenbeueren, Bus 238

51 INNEHALTEN IM SCHLOSS GLARISEGG

Die Welt befindet sich im Wandel, hier im Seminarzentrum Schloss Glarisegg werden Denkansätze gegeben, sich selbst zu verändern. Neben Fortbildungen, Beratungen und Therapien trifft der Besucher auch auf eine Welt der Spiritualität, der Kunst und Kultur.

Seit 2003 gestaltet und belebt die Gemeinschaft den »Ort für Begegnung und Bewusstsein« in Schloss Glarisegg am Schweizer Ufer des Bodensees. Aus den unterschiedlichsten Berufszweigen wie Kunst, Therapie, Pädagogik, Handwerk, alternative Heilmethoden, Landwirtschaft, Informatik und Management zusammengesetzt, verbindet sie der Wunsch, sich der eigenen Verantwortung und den Fragen der Zeit zu stellen und an einem Umfeld mitzubauen, in dem neue Lebensformen nachhaltig erforscht und freudvoll

gelebt werden. Die spirituelle Entwicklung jedes Einzelnen und in der Gruppe ist dabei der tragende Boden. Seit über zehn Jahren ist es das Ziel, ein ganzheitliches und nachhaltiges Lebensmodell aufzubauen, das unter anderem vor allem helle Prinzipien wie Verbundenheit, Transformation, Authentizität und Schöpferkraft integriert. Die am Ort lebenden Künstlerinnen und Künstler aus den Bereichen Musik, bildende Kunst, Ritual und Performance, Kunsthandwerk, Schauspiel und Tanz geben ihre Begabungen in Seminaren und Veranstaltungen weiter und freuen sich über Besuche in den Ateliers, Werkstätten, im Lädeli oder von Kursen.

Innehalten, Momente der Stille, neue Impulse, innere Kraft und Gesundheit, den Wandel bewusst gestalten, dazu will das Seminarprogramm von Schloss Glarisegg Anstöße geben. Auf dem Schlossgelände erwarten Sie neben einem eigenen Strand und einem weitläufigen Gelände auch liebevoll zubereitete vegetarische Mahlzeiten aus regionalen Bio-Produkten. Ein Erholungsparadies mit zahlreichen Wander-, Skater- und Radwegen und der Möglichkeit, Schiffstouren zu unternehmen.

Schloss Glarisegg · CH–8266 Steckborn · www.schloss-glarisegg.ch
Haltestelle: Bahnhof Steckborn

INGENIEURSKUNST DES 19. JAHRHUNDERTS

52

Ganz in der Nähe von Langenargen, an der Straße nach Kressbronn, finden Sie die drittälteste Kabelhängebrücke Deutschlands, die bis heute von Fußgängern und Fahrrädern genutzt wird. Die Brücke ist ein echter Hingucker und nur einen kleinen Abstecher vom Bodensee-Radweg entfernt.

Die historische Kabelhängebrücke ist 100 000 Kilogramm schwer, 72 Meter lang, 6,2 Meter breit und hängt gut zwei Meter über der Argen, die zwischen Langenargen und Kressbronn in den Bodensee mündet. Die sehenswerte Brücke wurde 1896–1897 erbaut und am 25. Januar 1898 eröffnet.

Vor 1839 musste man, um die Argen zwischen Langenargen und Kressbronn zu queren, einen ungefähr zweistündigen Umweg über die weiter flussaufwärts liegende Gießenbrücke in Kauf nehmen. Also wurde hier eine erste Holzbrücke erbaut, die allerdings Ende des 19. Jahrhunderts ersetzt werden musste. Aufgrund der Erfahrungen mit schweren Hochwassern an der Argen entschieden sich die Verantwortlichen schon in der Planungsphase für eine Brücke ohne Pfeiler. Auch ließ der Baugrund eine massive Konstruktion nicht zu. Folglich kam nur noch der Bau einer aufwendigen Hängebrücke infrage. Die Bauweise der Brücke war so besonders, dass ihre Baupläne und ein Modell im Jahr 1900 auf der Weltausstellung in Paris gezeigt wurden. Es handelt sich um eine echte Hängebrücke, bei der die Zugkraft an den Enden der 130 Meter langen Tragseile, die über zwei Pylonen geführt werden, schließlich von einer Erdverankerung aufgenommen wird. 13 681 Mark kostete der Bau, der unter der Aufsicht der königlichen Bauverwaltung in Stuttgart durchgeführt wurde, und die Kosten übernahm der Staat Württemberg.

Heute ist die Brücke auf Ihrer Radtour oder bei einem Spaziergang entlang der Argen ein gutes Ziel für das eine oder andere Foto – nicht nur für Technikfreunde. Auch können Sie einen schönen Ausblick auf den Fluss und in Richtung Bodensee genießen.

Kabelhängebrücke · Landesstraße 334 zwischen Langenargen und Kressbronn · 88085 Langenargen · www.langenargen.de · Haltestelle: Bahnhof Langenargen, Fußweg ca. 18 Min. oder mit dem Fahrrad über den Bodensee-Radweg

53 DAS KULTURUFER FRIEDRICHSHAFEN

Das Kulturufer Friedrichshafen ist seit 1984 für Strand, Sonne und Kultur bekannt. Die Mischung aus Livemusik, Straßentheater sowie einem farbenfrohen Kunsthandwerkermarkt kommt an.

Pünktlich zu Beginn der Sommerferien nimmt das emsige Treiben entlang der Uferpromenade von Friedrichshafen wieder zu. Denn Jahr für Jahr ist das auch der Startschuss für eines der ältesten und schönsten Zeltfestivals der Bodenseeregion. Schon vor dem offiziellen Start wird an allen Ecken gewerkelt und aufgebaut. Bald danach wird überall etwas geboten. Im Uferpark und entlang der Uferpromenade gibt es eine einzigartige Mischung aus Kultur- und Mitmachprogramm. Die bunte Szenerie des Kulturufers lockt jedes Jahr Tausende Besucher nach Friedrichshafen. Zwischen Gondel- und Jachthafen ziehen die vielfältigen Musikkonzerte, Tanztheateraufführungen, Schauspiel, Kabarett oder Akrobatik, Straßentheater und Clownerie die Gäste in ihren Bann. Bis zu 80 000 Besucher möchten jedes Jahr dabei sein und zehn Tage lang nichts von den international bekannten Ensembles und zahlreichen Gruppen aus der Bodenseeregion verpassen, die täglich von 12 bis 23 Uhr ihre Kunst unter freiem Himmel präsentieren und für strahlende Gesichter und tolle Stimmung sorgen.

Das Programm steht im Internet auf www.kulturufer.de. Karten am besten im Voraus reservieren.

Selbst musikalische Größen lassen sich nicht lange bitten und treten in den verschiedenen Zelten auf. Sollten Sie zu spät dran sein und keine Eintrittskarte ergattern können, müssen Sie nicht gleich enttäuscht sein, denn ein Plätzchen in der Nähe der Zelte genügt, um bei den Konzerten zumindest akustisch dabei zu sein. Kein Vergleich zu drinnen, aber allemal besser, als es ganz zu verpassen.

Jedes Jahr aufs Neue ein toller Einstieg in die Sommerferien und ein schöner Anlass, um sich zu treffen, etwas Leckeres zu essen und das bunte Treiben zu beobachten.

Kulturufer · Uferstraße · 88045 Friedrichshafen · www.kulturufer.de
Haltestelle: Bahnhof Friedrichshafen

FRAGILE

AKTI

APEROL
SPRITZ
4,50

SONNEN KÖNIGIN

KULTURPLATZ BAHNHOF FISCHBACH

54

1911 eröffnet, ist der Bahnhof Fischbach heute durch den Gastronomen Peter Berchtold als »Kulturplatz« bekannt geworden. In dem ehemaligen Bahnhofsgebäude finden in regelmäßigen Abständen Konzerte namhafter Bands statt, werden Theaterstücke aufgeführt und Feste gefeiert. Neben dem großen Veranstaltungsraum finden zusätzlich in dem zur Vega-Bar umgestalteten ehemaligen Wartebereich des Bahnhofs kleinere Veranstaltungen wie Lesungen oder Bar-Jazz-Abende statt. Darüber hinaus sorgt der Cateringservice für das leibliche Wohl der Besucher des Kulturufers Friedrichshafen.

Bahnhof Fischbach · Eisenbahnstraße 15 · 88046 Friedrichshafen
www.bahnhof-fischbach.de · Haltestelle: Bahnhof Fischbach

CHARTERSCHIFF »MS SONNENKÖNIGIN«

55

Eine der außergewöhnlichsten Veranstaltungsörtlichkeiten am Bodensee: Die »MS Sonnenkönigin« wurde als Veranstaltungsschiff mit fünf Decks bei der Bodan-Werft in Kressbronn in Auftrag gegeben. Aus den anfänglich auf 8,5 Millionen Euro veranschlagten Baukosten wurden schließlich 13 Millionen und aufgrund der Wirtschaftskrise wurde die für Luxus-Events und Firmenpräsentationen gebaute »MS Sonnenkönigin« im ersten Betriebsjahr lediglich 40 Mal gechartert. Kein Wunder, bei 200 000 Euro Charterkosten pro Tag. Heute beträgt die Chartergebühr für das Schiff samt vierköpfiger Besatzung 16 000 Euro pro Tag. Die »MS Sonnenkönigin« ist eben ein Luxushotel, nur eines mit ständig wechselnder Aussicht.

MO eventservice GmbH · Hafen · A–6900 Bregenz
www.sonnenkoenigin.cc, www.kunsthaus-bregenz.at/ · Haltestelle: Bahnhof Bregenz und Hafen

56 FLIEGENDE LEGENDEN IN ALTENRHEIN

Etwas versteckt hinter dem Flughafen St. Gallen-Altenrhein, in den Hallen der alten Flug- und Fahrzeugwerke ist ein privat geführtes Flugzeugmuseum zu finden. Zumindest wenn genau hingeschaut wird. Ist die Beschilderung auch klein, lohnt doch der Besuch, denn es wird Großes gezeigt.

Das Fliegermuseum Altenrhein zeigt, als einziges Museum seiner Art in Europa, ausschließlich flugtüchtige Exponate. Die ausgestellten Flugzeug-Oldtimer werden regelmäßig bei diversen Flugveranstaltungen geflogen. Besucher können hier die Maschinen ganz aus der Nähe betrachten. Wenn Sie freundlich fragen, dürfen Sie eventuell sogar in einem original Hunter-Militärkampfjet-Cockpit Platz nehmen!

Sehenswert ist die Hundertwasser-Markthalle am Kreisverkehr.

Die Idee, ein Museum mit ausschließlich flugtüchtigen Maschinen, noch dazu an einer historischen Stätte einzurichten, entstand schon in den 80erJahren des letzten Jahrhunderts.

In den Hallen der Do-Flug AG Altenrhein entstanden 1926 unter anderem die ersten Pläne der Dornier DO-X. Die Umsetzung wurde aber erst konkret, als 1984 eine Venom DH-112 aus Beständen der Luftwaffe übernommen werden konnte. Aus Kostengründen musste ein Museums-Neubau allerdings immer wieder verschoben werden. Erst als die damals von der Schweizer Luftwaffe betriebene Hunter-Flotte zur Verschrottung freigegeben worden war, wurden die großen Wartungshallen in Altenrhein nicht mehr benötigt und standen bald leer. Darin fand das Museum endlich ein Zuhause. Heute ist das im Dreiländereck gelegene Fliegermuseum Altenrhein eine weithin bekannte Kultstätte mit einem Schwerpunkt auf Schweizer Militäraviatik. Zahlreiche Flugbegeisterte aus Deutschland, Österreich und der Schweiz besuchen jedes Jahr das Fliegermuseum Altenrhein, um sich von den flugtüchtigen Legenden der Schweizer Luftwaffe faszinieren zu lassen.

Fliegermuseum Altenrhein · Juli–Aug. tgl. 10–18 Uhr, Sept.–Juni Di–So 10–18 Uhr · Führungen Mo–Sa nach Vereinbarung · Flughafenstraße · CH–9423 Altenrhein · www.fliegermuseum.ch
Haltestelle: Bahnhof CH–Rorschach, Bus 304 oder Bahnhof A-Bregenz, Bus 4110

HB-355
A-126
7GD «Stearman»
Decathlon 8KCAB
www.kfva.ch

KRIPPENMUSEUM
DORNBIRN

KRIPPEN AUS VIER KONTINENTEN

57

Im Jahr 1982 besuchte der Krippenverein Dornbirn ein Krippenmuseum in Italien. Bei diesem Besuch wurde die Idee geboren, solch ein Museum auch in Dornbirn zu gründen.

Nach Rücksprache mit dem damaligen Bürgermeister von Dornbirn wurde den Vereinsmitgliedern versichert, dass die Stadt grundsätzlich an solch einem Museum interessiert ist und mit Unterstützung zu rechnen wäre.

Es begann mit dem Sammeln von Krippen und Krippenfiguren aus der ganzen Welt. Im Jahr 1995 waren bereits 120 Exemplare zusammengekommen. Jetzt stellte sich die Frage wohin damit? Die Suche nach einem geeigneten Gebäude stand dann im Vordergrund. Von den verschiedenen Räumlichkeiten, die infrage kamen, wurde schließlich der »Glockenstadel« im Gütle neben der ehemaligen Textilfabrik auserkoren. Am Zugang zur bekannten Rappenlochschlucht, direkt gegenüber dem Eingang zum Rolls Royce Museums gelegen, war er der am besten geeignete Standort.

Am 23. Mai 2002 wurde mit der Renovierung des 145 Jahre alten Stadels begonnen, der früher als Pferdestall gedient hatte. Nach 4500 Arbeitsstunden und elfmonatiger Bauzeit konnten die Mitglieder des Dornbirner Krippenvereines am 1. Mai 2003 die Tore des Krippenmuseums Dornbirn öffnen.

Die Sammlung umfasst über 150 Krippen aus vier Kontinenten. Es wird jedoch immer nur ein Teil ausgestellt – die Krippen werden jährlich ausgetauscht und ihre Zahl wächst. Herausragend sind die »Spiegelkrippen«. Durch geschickte Anordnung von Spiegeln entsteht beim Betrachten ein vermeintlich tieferer Einblick.

Zum Museum gehört auch ein Krippenshop, wo die unterschiedlichsten Krippenställe und -figuren oder Krippenzubehör zum Verkauf angeboten werden. Die Krippenställe und die bekleideten Krippenfiguren sind reine Handarbeit. Jedes Stück ein Unikat! Und sicher auch ein außergewöhnliches Mitbringsel für die Lieben daheim.

Krippenmuseum Dornbirn · 1. Mai – 5. Jan. Di–So 10–17 Uhr · Gruppen ab 20 Personen nach Vereinbarung · Gütle 11c · A–6850 Dornbirn · www.krippenmuseum-dornbirn.at
Haltestelle: Bahnhof Dornbirn

58 DAS ROLLS-ROYCE-MUSEUM

Das größte Rolls-Royce-Museum der Welt stellt auf beeindruckende Weise die spannende Erstehungsgeschichte der Firma vor. So wird unter anderem ein Nachbau der ersten Produktionsstätte in der Cooke Street in Manchester gezeigt.

Als der erfolgreiche Konstrukteur Frederick H. Royce 1904 zum ersten Mal den adligen Flug- und Autopionier Charles S. Rolls in Manchester traf, war es mit der Qualität der Fahrzeuge noch nicht weit her. Deshalb beschloss Royce, ein eigenes Auto zu bauen, frei nach dem Grundsatz »Qualität bleibt bestehen, wenn der Preis längst vergessen ist.« Rolls war vom Ergebnis derart begeistert, dass er seine Zusammenarbeit anbot. Der Rest ist Geschichte.

Im Museum können heute auf rund 3000 Quadratmetern der ehemaligen Textilfabrik Gütle auf vier Stockwerke verteilt über 1000 Exponate besichtigt werden.

Im Erdgeschoss des Museums ist neben berühmten Rolls-Royce-Modellen auch die Cooke Street rekonstruiert. Der Ort, an dem Royce sich mit der Produktion von Lichtschaltern im Alter von 21 Jahren selbstständig machte. Nebenan geht's zur Restaurationswerkstatt, wo selbst Detailfragen von fachkundigem Personal gern beantwortet werden. Die Limousinen von Queen Mum, Sir Malcolm Campbell, King George V. sowie eigene Rolls-Royce-Werks- und Ausstellungsfahrzeuge gehören zu den 20 berühmtesten noch erhaltenen Rolls-Royce-Fahrzeugen und sind allesamt im ersten Stock des Museums untergebracht. Die unterschiedlichen Karosseriebauer fertigten jeden Fahrzeugaufbau genau nach den Wünschen ihrer Auftraggeber, und deshalb ist jeder Rolls-Royce im Museum ein Einzelstück.

Im zweiten Stock sind viele Vitrinen mit Kleinexponaten, Motorrädern und Fotografien zu finden. Der Tea Room hingegen ist ganz dem Flair und dem Lifestyle der 20er- und 30er-Jahre gewidmet. Spannend nicht nur für Liebhaber englischer Limousinen!

Rolls-Royce Museum · März–Nov. tgl. 10–18 Uhr, Mo Ruhetag · Führungen nach telefonischer Vereinbarung · Winterpause 7.–31. Jan. · Gütle 11a · A–6850 Dornbirn www.rolls-royce-museum.at · Haltestelle: Bahnhof Dornbirn, Bus 46 oder 47 bis Gütle

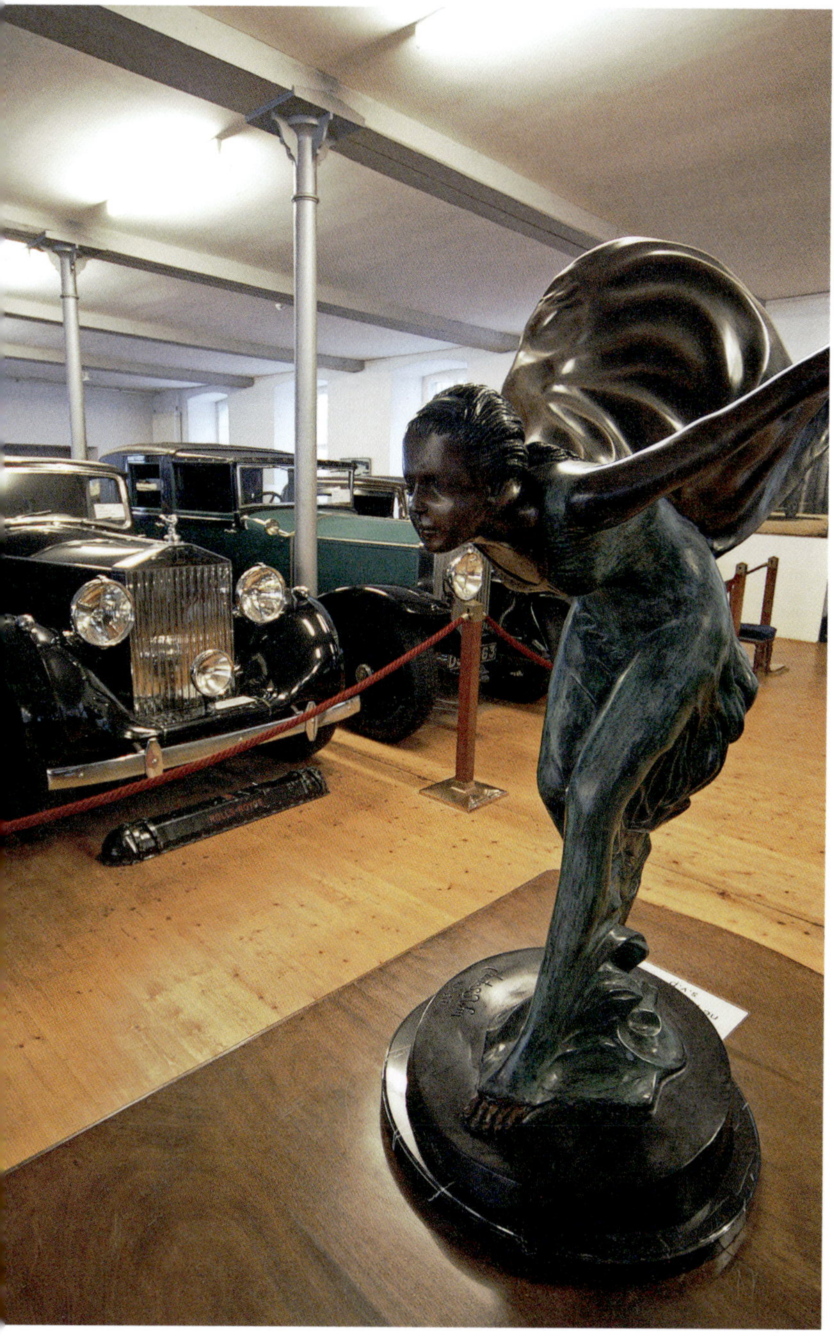

DIE FESTSPIELBÜHNE AM BODENSEE

59

Schon ein Jahr nach Ende des Zweiten Weltkriegs fand 1946 die erste Bregenzer Festwoche statt. Heute bietet die Seebühne 7000 Besuchern Platz und ist damit die größte der Welt. Das Spiel auf dem Bodensee wurde zum Aushängeschild der Bregenzer Festspiele.

Besucher aus dem Dreiländereck Österreich, Deutschland und der Schweiz sowie aus Frankreich ließen das Festival schon im ersten Jahr zu einem internationalen Ereignis werden. Die Seebühne bestand damals aus zwei Kieskähnen, einer für die Bühne, der andere für das Orchester. Aus einer Notlösung wurde eine Instanz.

Von Anfang an stellten die Wiener Symphoniker das Festspielorchester und haben bis heute großen Anteil an der Entwicklung und dem Erfolg des Festivals. Auf der im See stehenden Bühneninsel werden bei ständig wechselndem Bühnenbild in erster Linie Opern und Ballett aufgeführt. Der Bodensee ist dabei nicht nur Kulisse, sondern ein zentraler und außergewöhnlicher Bestandteil der Aufführungen. Eines der Highlights war sicher auch die Übertragung des ZDF-EM-Studios im Jahr 2008 von der Seebühne.

Nach aufwendigen Umbaumaßnahmen in den Jahren 2005/06 wurde das Festspielhaus Bregenz zu einem der modernsten Kongress- und Veranstaltungszentren der Welt. Zum »Best Center 2011« hat es der Europäische Branchenverband EVVC gewählt, damit ist es offiziell auch das beste EVVC-Kongresszentrum seiner Größe in Europa. Die Räumlichkeiten des Festspielhauses wurden von den Architekten Helmut Dietrich und Much Untertrifaller so konzipiert, dass sie für alle Arten von Veranstaltungen geeignet sind. So bietet allein der klassische Große Saal mit aufsteigendem Auditorium Platz für bis zu 2000 Besucher von Opern-, Ballett- und Konzertaufführungen. Für Aufführungen von Sprechtheater, für Tagungen und Kongresse ist er ebenfalls geeignet. Die Bregenzer Festspiele sind hier ebenso regelmäßig zu Gast wie beispielsweise das Tanzfestival Bregenzer Frühling.

Bregenzer Festspiele GmbH · Platz der Wiener Symphoniker 1 · A–6900 Bregenz
www.bregenzerfestspiele.com · Haltestelle: Bahnhof Bregenz

60 EIN ABSTECHER INS 19. JAHRHUNDERT

Lassen Sie sich ins 19. Jahrhundert versetzen und erkunden Sie die Arbeits- und Lebenswelten von Bediensteten und Herrschaften. Das Museum Lindwurm wartet auf Ihren Besuch.

Lebendige historische Welt erleben. Der Weg der Besucher führt im vorderen Teil des Hauses über vier Etagen. Er beginnt im felsigen Vorratskeller, führt über die Küche in den eleganten Biedermeier-Salon bis zum Dachboden, auf dem ein riesiges Himmelbett neben einem Schlitten steht. Im Hinterhaus befinden sich der ehemalige Kuhstall, die Gesindekammern und eine Kornschütte im fünften Geschoss. Das märchenhafte Museum verzaubert! Auf über 1500 Quadratmetern kann nachvollzogen werden, wie eine gutbürgerliche Familie um 1850 wohnte und einen Hof bewirtschaftete. Die Museumsräume vermitteln den Eindruck, als würde jeden Augenblick alles zum Leben erwachen.

> **Nicht verpassen sollten Sie den grandiosen Ausblick von der Burg Hohenklingen.**

Ganz so, als ob die früheren Bewohner nur für einen Moment das Haus verlassen hätten, hängt frisch gewaschene Wäsche auf der Leine, laufen Spitzhaubenhühner über den Hof, wartet eine gerade eingedeckte Tafel auf vornehme Gäste und duften getrocknete Küchenkräuter. Da Sie hier wie auf Besuch sind, wirkt das Gesehene ganz anders, als Sie es von Museen, in denen die Exponate normalerweise verschlossen in Vitrinen liegen, gewöhnt sind. Der »Lindwurm« befindet sich mitten in der Altstadt von Stein am Rhein. Die Ursprünge des Vorderhauses gehen auf das Jahr 1279 zurück. Mit seinen Laubengängen hat sich das Hinterhaus seit 1712 so gut wie nicht verändert. Der Blick hinter die Fassaden ist erlaubt, ja sogar erwünscht, und Groß und Klein sind willkommen! Der »Lindwurm« fasziniert nicht nur Erwachsene. Aufgrund des Kinderzimmers mit historischem Spielzeug und einem Spielzimmer, in dem Besucher zum Beispiel auf Strohsäcken Probe liegen und schwere Leinenkittel und derbe Arbeitsschuhe anziehen können, ist das Museum besonders bei Familien sehr beliebt.

Museum Lindwurm · März–Okt. tgl. 10–17 Uhr Understadt 18 · CH–8260 Stein am Rhein
www.museum-lindwurm.ch · Haltestelle: Bahnhof Stein am Rhein

MUSEUM
Bürgerliche Wohnkultur
und Landwirtschaft
im 19. Jahrhundert
«KINDER AUS ALLER WELT»
Öffnungszeiten:
März bis Oktober täglich von 10 bis 17 Uhr,
Führungen für Gruppen auf Voranmeldung
Heure d'ouverture:
De mars à octobre, tous les jours de 10h à 17h,
Visites guidées sur demande
Open:
March to October daily from 10 a.m. to 5 p.m.
Guide for groups upon reservation
LINDWURM

61 DAS NAPOLEON-MUSEUM

Im schönsten Schloss am Bodensee, in einem wunderschönen Park gelegen, befindet sich das Napoleonmuseum Thurgau. Es vermittelt als einziges deutschsprachiges Museum die Geschichte der Familie Bonaparte.

Schloss Arenenberg blieb bis 1906 in kaiserlichem Besitz. Seine exklusive Lage und die traumhafte Aussicht über den Untersee waren letztlich ausschlaggebend für die Wahl dieses Hauses als Exil. Im Lauf der Zeit war es im Besitz verschiedener Patrizierfamilien, die es ganz nach französischem Vorbild umgestalteten, auch was die Innenausstattung betraf. Die Einrichtung des Schlosses entspricht so weit wie möglich der der Kaiserzeit. Im Andenken an Napoleon I. verfügt das Museum über eine sehr umfangreiche Sammlung an Möbeln, Geschirr, Gemälden, diversen Kleinteilen sowie Grafiken, Autografen und Büchern aus dem Besitz von Kaiserin Joséphine, Königin Hortense sowie Prinz Louis Napoléon. Manche dieser weltberühmten Stücke werden des Öfteren an befreundete Museen ausgeliehen.

Gartenfreunden wird der Garten von Ruth-Maria Kubitschek in Salenstein gefallen.

Bei Umbauarbeiten im Prinzenflügel wurde im Jahr 2010 zufällig das kaiserliche Badezimmer entdeckt. Dabei wurden ein Tauchbecken sowie prachtvolle Deckenmalereien freigelegt, und die im Anschluss veranlassten Nachforschungen halfen dabei, seine Funktionsweise zu verstehen. Des Weiteren konnten auch Teile der Küche freigelegt werden, wodurch das Wissen über die privaten Belange der kaiserlichen Familie ein neues Gesicht bekam.

Für ein Museum recht außergewöhnlich, dürfen Sie sich als Besucher im Schloss Arenenberg frei bewegen und sich dabei tatsächlich fast so fühlen wie die einstigen hochwohlgeborenen Bewohner dieses prächtigen Anwesens mit einem wunderbaren Blick auf den See.

Napoleonmuseum Thurgau · April–Sept. tgl. 10–17 Uhr, Okt.–März Di–So 10–17 Uhr
Schloss und Park Arenenberg · CH–8268 Salenstein
www.napoleonmuseum.tg.ch · Haltestelle: Bahnhof Salenstein, Bus Postauto Linie 833

Saurer
Bosch

MASCHINEN ALLER ART IM SAURER MUSEUM

62

Das neue Saurer Museum in Arbon wurde im Mai 2010 in einem größeren Gebäude eröffnet. Seither kommen Tausende Besucher, um sich die Exponate anzuschauen. Es ist zudem Teil des Vereins Classic Bodensee, welcher technikorientierte Museen der Region Bodensee vereint und gemeinsame Veranstaltungen organisiert.

Saurer war die einzige Schweizer Firma im Kraftfahrzeugbau und wurde nicht nur durch die typischen schwarz-gelben Postautobusse und die Lkws mit der langen »Schnauze« bekannt. Was die meisten nicht wissen, ist, dass die Firma auch spezielle Webmaschinen in Arbon baute. Im Museum, das von einem privaten Verein unterhalten wird, ist eine Vielzahl an Exponaten aus der gesamten Produktpalette zu sehen – nicht nur Nutzfahrzeuge, sondern auch Benzin- und Dieselmotoren aller Baugrößen. Ein Rundgang durch das Museum beginnt im sogenannten »Zeit-Raum«. In die Mitte des vorletzten Jahrhunderts zurückversetzt, erfährt der Besucher mehr über die Zeit, als Franz Saurer das später weltberühmte Saurer Werk gründete. Die Ausstellung zeigt unter anderem Stickmaschinen, von der Handstickmaschine, genannt »Chlüpperli« über einen Schiffli-Pantografen Modell 1911 bis hin zum damaligen »Weltwunder«, eine mit Lochstreifen gesteuerte Schiffli-Maschine. Ein funktionsfähiges Schnittmodell der Decodiereinheit zeugt vom technischen Wunder.

Bei einem Spaziergang durch die Altstadt entdeckt man die wunderschönen Fachwerkhäuser.

Weiter geht's zu den Nutzfahrzeugen, beginnend mit dem 1911 Caminhao, einem der ältesten Lastwagen überhaupt. Dann folgt der lückenlose Überblick über die Entwicklung zum damals weltgrößten Lastauto-Produzenten. Gezeigt werden Postautos, die bekannten Alpen-Postbusse der Schweiz, sowie Militär-Gelände-Lkws und Feuerwehrautos.

Schließlich finden Sie in der Abteilung Webmaschinen die ersten Bandwebstühle und eine 100W.

Saurer Museum · Tgl. 10–18 Uhr · Weitegasse 8 · CH–9320 Arbon
www.saurermuseum.ch · Haltestelle: Bahnhof Arbon

63 KUNST DER MODERNE IM WÜRTH HAUS

Von Klassischer Moderne bis zur Kunst der Gegenwart, in der Sammlung Würth in Rorschach liegt der Fokus auf der Schweizer Kunst. Skulpturen des Schweizers Max Bill oder Bilder von Johannes Itten werden im Kontext internationaler Werke gezeigt.

Mit der Eröffnung des Forum Würth im Würth Haus Rorschach im April 2013 nahm die 15. museale Spielstätte der Sammlung Würth ihre Arbeit auf. In einer der attraktivsten Kultur- und Freizeitregionen Europas, direkt am See gelegen, entstand damit nach Chur und Arlesheim bereits der dritte Schweizer Standort. Die Klassische Moderne ist im Würth Haus mit Werken bedeutender Künstler wie Max Ernst, Edvard Munch, Picasso, Marc Chagall, Max Liebermann, René Magritte oder Max Beckmann vertreten. Auch hier sind Bilder von Schweizer Künstlern, von Ferdinand Hodlers *Bergpanorama* über Gottardo Segantini, Philipp Bauknecht bis hin zu Hermann Hesses sensiblen Aquarellen, ausgestellt. Als Vertreter der Gegenwart sind Arbeiten so gewichtiger Namen wie Bernhard Luginbühl, Jean Tinguely, Christo, Roy Lichtenstein, Georg Baselitz oder Anselm Kiefer zu sehen. Eine weitere Präsentation im lichten Foyer des neuen Hauses ist dem dänischen Bildhauer Robert Jacobsen gewidmet.

Mit seinen Eisenplastiken gehört er zu den Pionieren der abstrakten Skulptur des 20. Jahrhunderts. Ein großes Spektrum der Moderne, hier in Rorschach, das sich über die Ausstellungsräume im Innern des Würth Hauses bis in den Skulpturengarten zum See hin fortsetzt. Direkt am Uferweg erwartet den Besucher ein ganz besonderer Park, der nicht zuletzt durch die zum Teil »bespielbaren« Mosaik-Skulpturen von Niki de Saint Phalle zum Leben erweckt wird.

Der imposante Bau gegenüber des Bahnhofs ist schon von Weitem zu sehen und nicht zu verfehlen. Das Architekturbüro Gigon/Guyer hat das gläserne Ensemble des Würth Hauses Rorschach geplant und neue Maßstäbe hinsichtlich der Eleganz, Transparenz und Funktion gesetzt.

Würth Haus Rorschach · April–Sept. tgl. 10–18 Uhr, Okt.–März Di–So 11–17 Uhr
Churerstraße 10 · CH–9400 Rorschach
www.wuerth-haus-rorschach.ch · Haltestelle: Bahnhof Rorschach

DAS SANDSKULPTUREN-FESTIVAL

64

Jedes Jahr im Sommer zeigen einige der weltbesten Carver auf der Arionwiese in Rorschach eine Woche lang ihr Können. Durch die jährlich wechselnden Themen entstehen so immer wieder neue fantasievolle Sandskulpturen.

Auf der Arionwiese, direkt am Ufer des Bodensees und am Ortsende von Rorschach in Richtung Romanshorn gelegen, wird den aus jeweils zwei Teilnehmern bestehenden Teams, jedes Jahr tonnenweise feiner Quarzsand zur Verfügung gestellt. Die Carver, wie diese Sandkünstler genannt werden, müssen so einiges an Material bewegen und verarbeiten, denn eine der gezeigten Sandskulpturen kann schnell auf ein Gewicht von bis zu 50 Tonnen kommen. Durch das Mischen mit Wasser und dem anschließenden Verdichten in den eigens dafür vorgesehenen Holzformen sind diese Kunstwerke gegen Wind und Wetter gefeit. Zumindest für die Dauer des Festivals. Das Areal wird natürlich durch Zäune geschützt, denn die fragilen Kunstwerke, die jedes Jahr unter einem anderen Motto stehen, werden nicht rund um die Uhr bewacht, aber der Eintritt ist moderat und kommt den Künstlern zugute.

Das Bild zeigt den Gewinner 2013: Jury und Publikumspreis Team Holland / USA mit Bonsai

Da die Beliebtheit des Festivals über die Jahre stetig zugenommen hat und die Künstler am Rorschacher Sand-Festival zur Weltspitze gehören, bekam inzwischen sogar der amerikanische Fernsehsender CNN Wind davon und hat den Termin auf die Liste der besten Sand-Wettbewerbe weltweit gesetzt. Vierzehn Veranstaltungen in den Vereinigten Staaten, Australien und Europa umfasst mittlerweile die Liste, die auf der CNN-Website zum Besuch empfohlen werden. Jetzt gehört auch das Sand-Festival in Rorschach zu der exklusiven Runde. Ein Grund mehr, sich das Ereignis nicht entgehen zu lassen.

Aktuelle Themen und Termine können Sie jeweils im Internet nachlesen!

Sandskulpturen-Festival · Thurgauerstraße · CH–9401 Rorschach · www.sandskulpturen.ch
Haltestelle: Bahnhof Rorschach, weiter zu Fuß oder mit dem Fahrrad

HEUTE WILL ICH RAUS!

65 DER HAFEN VON LINDAU

Zugegeben, im Sommer ist dies einer der bevölkertsten Plätze am See. Wenn aber die »Hohentwiel« unterwegs ist, lohnt es auf ihre Hafeneinfahrt zu warten und so lange den Anblick des berühmten Löwen und des Leuchtturms vor traumhafter Alpenkulisse zu genießen.

Die Einfahrt zum Lindauer Hafen wird auf der Westseite vom Leuchtturm und auf der Ostseite vom berühmten Bayrischen Löwen begrenzt. Mit Blick in Richtung Schweizer Ufer sitzt der Löwe majestätisch auf seine Vorderpranken gestützt auf einem dreistufigen Podest. 1856 von Johann von Halbig aus sechs Teilblöcken Kelheimer Marmors geschlagen, wiegt er ca. 70 Tonnen. Hier fährt, neben anderen Fähren, auch die originalgetreu im Stil eines Halbsalondampfers restaurierte »Hohentwiel« ein und aus und erinnert an

vergangene, glanzvolle Zeiten. Laut der Fachpresse steht das »am besten restaurierte Dampfschiff Europas« für die Handwerkskunst einer ganzen Epoche und feierte 2013 seinen 100. Geburtstag. Wenn sie sprechen könnte, hätte sie sicher viel zu erzählen: einst Luxusschiff des württembergischen Königshauses, dann im Krieg im Dienst der Nationalsozialisten und Wohnschiff französischer Besatzer, dann Clubhaus des Bregenzer Segelclubs. Sie erlebte Eifersuchtsszenen, Schlägereien oder die Feier des Grafen Zeppelin zu seinem 75. Geburtstag.

Nicht nur handwerklich interessierte Passagiere werden von den Jugendstil-Meisterwerken des Schiffs begeistert sein. Bis ins kleinste Detail sind sie überall an Bord zu entdecken und fügen sich zu einem stimmigen Ganzen. Eine Fahrt ist ihren Preis auf alle Fälle wert.

Während der Saison von Ende April bis Mitte Oktober, sind alle Fahrten auf der »Hohentwiel« buchbar, natürlich auch übers Internet. Es werden auch regelmäßig Sonderfahrten angeboten. Wer mitfahren möchte, sollte unbedingt rechtzeitig und im Voraus Plätze reservieren!

Der Hafen von Lindau · 88131 Lindau · www.lindau.de, www.hohentwiel.de
Haltestelle: Bahnhof Lindau

66 EIN WASSERTURM ALS TECHNIK-DENKMAL

Der ehemalige Wasserturm von Eriskirch stand jahrelang ungenutzt im Wald. Als dann eine Stadtumfahrung gebaut wurde, sollte er für teures Geld abgerissen werden. Nicht nur um Kosten zu sparen, wurde der Turm deshalb zu einem technischen Denkmal.

Früher stand der in den 50er-Jahren erbaute, 32 Meter hohe Wasserturm vergessen mitten im Wald. Erst als mit dem Bau einer Ortsumgehung von Eriskirch-Schlatt begonnen wurde, rückte er wieder in den Blick der Stadtverwaltung. Denn nachdem die Bäume gefällt waren, stand da auf einmal ein hässlicher, verwitterter Betonturm am Waldrand. Da war guter Rat teuer. Schließlich kam die Stadtverwaltung auf die Idee, den Turm mit Kunst verschönern zu lassen. Obwohl eine Anfrage beim Landesdenkmalamt Baden-Württembergs erfolglos war, sollte er als technisches Denkmal erhalten werden. Gefragt, ob er an der Gestaltung eines neuen Gesichts für den Turm interessiert wäre, lieferte der in Langenargen wohnende Künstler Diether F. Domes bald drei Entwürfe ab. Also wurde er erst einmal fachgerecht restauriert. Die Gemeinde war von den Entwürfen sofort begeistert, und schließlich stand Domes im Jahr 2001 wochenlang auf einem Gerüst und übertrug die geschwungenen Linien seines Modells eigenhändig im Maßstab 1:100 auf den Turm. Diese sollen das Wasser symbolisieren, mit dem der Turm ursprünglich gefüllt war. Jetzt läuft es sinnbildlich an ihm herunter. Die Farben wurden im Anschluss durch einen ortsansässigen Maler nach einer von Domes festgelegten Farbskala aufgetragen. Die einzige Aufgabe, die der Turm heute noch zu erfüllen hat, ist, einfach schön auszusehen. Spaziergänger und Autofahrer sehen den markanten Turm bereits von Weitem. Leider können Sie ihn nur von außen besichtigen, wie er von innen aussieht oder wie die Aussicht von oben ist, wäre sicher auch interessant. Was noch nicht ist, kann ja noch werden.

Die Holzbrücke von Eriskirch wurde 1828 erbaut und steht bis heute auf 96 Holzpfählen.

Wasserturm Eriskirch-Schlatt · An der Ortsumfahrung · 88097 Eriskirch
Mit dem Auto: L334 von Langenargen Richtung Mariabrunn-Eriskirch auf der rechten Seite

DAS NATURSCHUTZGEBIET ERISKIRCHER RIED

67

Das Eriskircher Ried, von der Rotach- zur Schussenmündung, ist ideal für Rad- und Wandertouren. Viele schöne Wege führen über teils historische Holzbrücken über die Schussen und den Schussenkanal. Die vielfältige Fauna und Flora ist etwas ganz Besonderes.

Der Bodensee-Rundwanderweg führt durch einen der schönsten Teile des Naturschutzgebiets Eriskircher Ried. Nahe am See kann nach Herzenslust gewandert und geradelt werden. Auch der wunderschöne und eigentlich nur für Fußgänger zugängliche Weg durch den Auwald lockt, aber nicht erschrecken, wenn trotzdem der eine oder andere Radfahrer um die Ecke kommt.

Im Strandbad baden oder einen Kaffee trinken gehen, um die Aussicht zu genießen.

Etliche Schautafeln machen auf die Besonderheiten des größten Naturschutzgebiets am nördlichen Bodenseeufer, das sich von der Rotachmündung bis zur Schussenmündung kurz vor Langenargen erstreckt, aufmerksam. Verständlich, dass hier die Wege nicht verlassen werden dürfen. Dafür führen aber an zwei Stellen Pfade durch das Schilf und zu den Aussichtsplattformen direkt am See. Von hier aus können Sie die reiche Vogelwelt des Rieds beobachten. Hinter Eriskirch, am Weg zum Strandbad, eröffnet sich der freie Blick auf die berühmten Iriswiesen, wo jedes Jahr von Mai bis Juni die Schwertlilien blühen. Weiter in Richtung Langenargen führt ein ebener Weg durch Streuwiesen und lichte Auwälder bis zur Schussen. Bald taucht auch die Stelle mit dem schönsten Blick auf den spitzen Kirchturm von Eriskirch auf. Hier im Ortskern ist die für den Straßenverkehr gesperrte, historische Holzbrücke sehenswert. Auch auf einer Fußgängerbrücke kann die Schussen überquert werden, die in ihrem weiteren Verlauf schließlich an einem schönen Kiesufer in den Bodensee mündet. Die neben dem schnurgeraden Schussenkanal gelegenen Mäanderbogen des alten Flussverlaufs sind am besten aus der Luft zu sehen.

Gemeinde Eriskirch · Schussenstraße · 88097 Eriskirch · www.eriskirch.de
Haltestelle: Bahnhof Eriskirch, weiter mit dem Fahrrad oder zu Fuß

68 ZEPPELIN-PFAD UND ZEPPELIN MUSEUM

Der Name Zeppelin ist in Friedrichshafen allgegenwärtig. Die neun Stationen entlang des Zeppelin-Pfads bieten Ihnen einen Einblick in die Stadtgeschichte von Friedrichshafen.

Der im April 2008 anlässlich des 100-jährigen Jubiläums eröffnete Zeppelin-Pfad dokumentiert an neun Standorten (1 Ziegelei Grenzhof, 2 Industriegelände Manzell, 3 Graf-Zeppelin-Haus, 4 Uferpromenade, 5 Maybachstraße, 6 Zeppelin-Werftgelände, 7 Zeppelindorf, 8 Zahnradfabrik Friedrichshafen, 9 Flughafen Friedrichshafen) die wichtigsten Stationen der Friedrichshafener Stadtgeschichte, in deren Mittelpunkt die Geschichte der Zeppelin-Stiftung steht. Im Jahr 1908 hatte Ferdinand Graf von Zeppelin eine Stiftung ins Leben gerufen, mit deren Mitteln der Zeppelin-Konzern aufgebaut wurde. Der Pfad geht aus von der Ziegelei Grenzhof, deren Grenzbach früher die Ortsteile Fischbach und Immenstaad in Baden und Württemberg trennte. Von dort führt er über das Industriegelände in Manzell, in dessen Bucht einst die Luftschiffhalle für die ersten Zeppeline stand und am 2. Juli 1900 auch der erste Aufstieg des LZ 1 stattfand. Nach insgesamt 12 Kilometern endet der Zeppelin-Pfad am Friedrichshafener Flughafen.

Sehenswert ist auch die Stahlskulptur eines Zeppelins aus lauter Schrottteilen bei der Messe.

Ein Muss ist das Zeppelin Museum. Beherbergt es doch unter anderem die weltgrößte Sammlung zur Geschichte der Luftschifffahrt. Zudem ist es das einzige deutsche Haus, in dem Technik und Kunst gezeigt werden. Seit der Wiedereröffnung im Jahr 1996 im Hafenbahnhof haben schon mehr als vier Millionen Besucher die Sammlungen und Ausstellungen gesehen. Die Kunstsammlung des Museums reicht von Werken des Mittelalters über den Barock bis hin zu zeitgenössischer Kunst. Ein besonderer Schatz der wertvollen Kunstbestände ist die Otto-Dix-Sammlung. Sehenswert ist auch die aus Schrottteilen geformte Stahlskulptur eines Zeppelins gegenüber des Messegeländes.

Zeppelin-Pfad · 88045 Friedrichshafen · **Zeppelin Museum** · Seestraße 22 · 88045 Friedrichshafen
Tel. 07541/3 80 10 · www.friedrichshafen.de , www.zeppelin-museum.de
Haltestelle: Bahnhof, weiter zu Fuß zum Fährhafen

NORDWEST
PASSAGE
INS
IMAGINÄRE

DER AUSSICHTSTURM VON FRIEDRICHSHAFEN

69

Seit Juli 2000 wird die Hafeneinfahrt von Friedrichshafen vom 22 Meter hohen Aussichtsturm an der Hafenmole geprägt. Er bietet einen wunderschönen Ausblick über den Bodensee, die Schweizer und österreichischen Alpen und Friedrichshafen.

Im Zuge der Sanierung und Neugestaltung der Mole von Friedrichshafen errichtet, wurde der Turm nach elf Monaten Fertigungszeit und vier Wochen Montage im Jahr 2000 eingeweiht. Vom 22 Meter hohen Aussichtsturm an der Hafenmole hat man seitdem einen wunderschönen Ausblick auf die Stadt und die Schlosskirche, auf die Obstgärten im Hinterland sowie auf den Bodensee und die Alpen. Über neun Etagen führt eine Stahltreppe hinauf zu den beiden Aussichtsplattformen, die insgesamt etwa hundert Personen Platz bieten. Der Turm wiegt sage und schreibe über 47 Tonnen, steht auf acht Pfählen mit 16 Zentimetern Durchmesser und hat eine Grundfläche von 25 Quadratmetern.

Von der obersten Plattform wird die darunterliegende überdacht und schützt so bei schlechtem Wetter und Regen. Die auf der obersten Plattform installierte Hinweistafel gibt einen detaillierten Überblick über die gegenüberliegende Alpenkette. Architektonisch ergänzt der vertikale Turm sein horizontales Gegenüber in Form der Überdachung am Molenkopf und nimmt damit Bezug auf die baulichen Elemente des Hafenbahnhofes.

Unten an der umtriebigen Uferpromenade gibt es Coffee to go oder ein leckeres Eis – vor dem Aufstieg auf den Aussichtsturm besorgt, ist die Aussicht von oben nicht nur ein Augenschmaus.

Wer mit einer der vielen Fähren beispielsweise von Konstanz, Rorschach oder Romanshorn ankommt, hat hier die Möglichkeit, seine Reise mit dem Zug fortzusetzen. Die Mitnahme von Fahrrädern ist übrigens auf den meisten Fähren sowie in fast allen Zügen möglich. Bei Radtouren über die Grenze macht es Sinn, wenn Sie ein internationales Fahrradticket lösen. Dieses gilt dann in Deutschland, Österreich und der Schweiz.

Aussichtsturm, Uferpromenade an der Mole · 88045 Friedrichshafen · www.friedrichshafen.de
Haltestelle: Bahnhof Friedrichshafen

70 PADDELTOUR FÜR DIE GANZE FAMILIE

Die Schussen ist einer der Zuflüsse des Bodensees und lädt auf ihren letzten Kilometern von Kehlen nach Eriskirch zu einer gemütlich flussabwärts führenden Paddeltour ein - ein wunderbares Naturerlebnis für die ganze Familie, Einzelpaddler und Gruppenausflüge.

Die Schussen entspringt bei Bad Schussenried und fließt auf gut 59 Kilometern in südlicher Richtung vorbei an Weingarten, Ravensburg, Meckenbeuren und Kehlen, um bei Eriskirch in den Bodensee zu münden. Der Fluss selbst ist heute ein Biotop mit Wasserskorpionen, Steinfliegen und Bachflohkrebsen. Hier leben mehr als 20 Fischarten, von denen drei unter Artenschutz stehen. Geschützt ist auch der nachtaktive Biber, der die Schussen wieder für sich entdeckt hat. Dieses Naturerlebnis können Sie von Mai bis September wunderbar mit dem Paddelboot genießen. Alles, was dazu nötig ist, wird von der Firma Baumhauer Outdoorsport in Meckenbeuren angeboten. Nach einer ausführlichen Einweisung werden Sie mitsamt der Paddelausrüstung inklusive Schwimmwesten zum Startpunkt beim Ort Kehlen gebracht. Hier geht's ab auf die Schussen und für rund 2,5 Stunden gemütlich den Fluss hinunter bis Eriskirch. Das Baumhauer-Team achtet auch in Abstimmung mit den Fischern strikt darauf, dass die geltenden Umwelt- und Naturschutzauflagen beachtet werden. Dafür erleben Sie die Schussen auf eine ganz außergewöhnliche Art: Das Einzige, was Sie hören werden, ist Ihr eintauchendes Paddel, Vogelstimmen, das Gemurmel des Flusses und den Wind in Bäumen und Gebüschen. Zu sehen gibt es eine intakte Flusslandschaft mit all ihren Bewohnern.

Die Tour wird auch in Kombination mit Leih- oder eigenen Rädern angeboten. Ein ganztägiger Ausflug mit Paddeln, Einkehr und Radtour durch landschaftlich schöne Obstplantagen.

Dabei kommt auch der Spaß nicht zu kurz, denn Paddeln will gelernt sein. Ein unfreiwilliger Kontakt mit dem Wasser erheitert stets die Mitpaddler.

Baumhauer Verleih & Abenteuer · Käthe-Paulus-Straße 1 · 88074 Meckenbeuren
Tel. 0 75 42/951 55 19 · www.baumhauer-verleih.de · Haltestelle: Bodensee-Airport Friedrichshafen, Fußweg ca. 16 Min, am besten mit dem Auto

28
26

MIT PFEIL UND BOGEN IM TAL DER LIEBE

71

Der Bogenparcours befindet sich im schönen Deggenhausertal, welches auch das »Tal der Liebe« genannt wird. Bevor Amors Pfeil verschossen werden kann, muss man sich erst im Anmeldetürmchen ins Parcours-Buch eintragen, bekommt eine Schießkarte und eine Zielbeschreibung mit den Parcours-Regeln. Wenn Sie das Bogenschießen nur mal ausprobieren möchten, können Sie sich hier eine komplette Bogenausrüstung ausleihen. Nach kurzer Einführung am Einschießplatz kann's auch schon losgehen! Die ca. 22 Ziele befinden sich auf etwa sechs Hektar abwechslungsreichem und hügeligem Gelände.

Bogen-Parcours Lellwangen · Stockenbühl 3 · 88693 Deggenhausertal-Lellwangen
www.bogen-lellwangen.de · Tel. 07555/300 · Anfahrt am besten mit dem Auto

DER ABENTEUERPARK IN IMMENSTAAD

72

Im Abenteuerpark in Immenstaad sind die Kletterstrecken in verschiedene Schwierigkeitsgrade eingeteilt. So findet jeder einen Kurs, der seinem Mut und Können entspricht. Aber es besteht auch die Möglichkeit, sich durch geschultes Personal trainieren zu lassen. Die sympathischen Trainer erreichen durch verschiedene Aufgaben in kurzer Zeit, dass beispielsweise Gruppen Vertrauen zueinander aufbauen und lernen, sich abzusprechen. Die Trainingsparcours sollen auch dafür geeignet sein, das Selbstvertrauen und das Selbstwertgefühl des Einzelnen zu steigern, weil jeder Teilnehmer beim Klettern Verantwortung für sich selbst und für andere übernehmen muss. Aber am besten probieren Sie es einfach mal aus!

Abenteuerpark Immenstaad · Am Klötzenen Forst · 88090 Immenstaad
www.abenteuerpark.com · Haltestelle: Bahnhof Friedrichshafen, Bus 7395

13 DAS WINZERTÜRMCHEN MIT BLICK AUF DEN SEE

Das hübsche Fachwerktürmchen ist schon aus der Ferne zu sehen. Direkt an einem steilen, aber geteerten Winzersträßchen gelegen, thront es inmitten der Meersburger Weinberge auf Höhe der Haltnau.

Um zum Winzertürmchen in der Haltnauer Reblage zu gelangen, gibt es zwei Möglichkeiten. Entweder die sportliche Variante entlang des Radwegs und bei der Gaststätte Haltnau steil und stetig nach oben. Oder über den Höhenweg, einen Fußweg von Meersburg nach Hagnau oberhalb der Weinberge, der Teil des Bodensee-Rundwegs ist und der zur Kriegsgräberstätte Lerchenberg führt. Im Südosten von Meersburg und am südlichen Rand von Stetten gelegen, ist die Kriegsgräberstätte für 69 deutsche Soldaten des Ersten Weltkriegs. Neben der Gedenkstätte ist eine Stele zu finden, die diese Stelle als schönste Weinsicht Badens kennzeichnet.

Die Burg Meersburg gilt als die älteste bewohnte Burg Deutschlands.

Egal, welche Variante man wählt, der unverstellte Panoramablick über den Bodensee sucht seinesgleichen und eröffnet die Sicht auf die Berggipfel von Vorarlberg, der Schweiz sowie nach Konstanz, die Insel Mainau und nach Meersburg. Bei Föhnwetter liegen hier oben die Alpen zum Greifen nahe.

Auch der Blick von dort oben auf eines der markanten Wahrzeichen der Region, die Burg Meersburg, ist fantastisch. Der Besuch des in der Burg befindlichen Museums sollte unbedingt auf Ihrer Liste stehen, wird er doch durch die mehr als 30 möblierten Räume unvergesslich. Zu sehen sind unter anderem eine alte Burgküche, der »Dürnitz« genannte Speise- und Gemeinschaftsraum, der Palast, die Waffenhalle, Rittersaal und Brunnenstube, Burgverlies, Stall, Nordbastion und vieles mehr. Selbst die Räume der berühmten deutschen Dichterin Annette von Droste-Hülshoff, die in den Jahren 1841 bis 1848 auf der Burg lebte und dort verstarb, sind Teil des Rundgangs. Auch die kleinen Gassen rund um die Meersburg sind einen Spaziergang wert.

Winzerturm oberhalb der Haltnau · Uferpromenade 107 · 88709 Meersburg
www.meersburg.de · Haltestelle: Bahnhof Friedrichshafen, Bus 7395 oder Hafen

MEERSBURGS MAGISCHE SÄULE

74

Die »Magische Säule« an der Hafenmole von Meersburg des in Bodman am Bodensee lebenden Bildhauers Peter Lenk wurde im Jahr 2007 enthüllt. Nach der Imperia an der Hafeneinfahrt von Konstanz und dem Bodenseereiter bei der Anlegestelle in Überlingen stellt sie ein weiteres Hauptwerk des Künstlers dar.

»Die Zweideutigkeit des Konkreten aufzudecken«, beansprucht der 1947 in Nürnberg geborene Künstler Peter Lenk für sich. Sicher einer der Gründe dafür, dass seine Werke immer wieder auf heftige Kritik stoßen. Im Vergleich dazu erhebt sich die 15 Meter hohe Skulptur auf dem Hafenrondell mit bekannten Persönlichkeiten aus der Meersburger Stadtgeschichte beinahe friedlich. Ganz oben zu finden: die Möwe der Dichtung mit dem Gesicht der Dichterin Annette von Droste-Hülshoff. Darunter ihr Schwager und Sammler mittelalterlicher Handschriften, Freiherr Joseph von Laßberg. Ihm zur Seite tritt Amor als Liebesschütze von Meersburg auf und traf den Burgherrn Laßberg gleich dreimal durch die Rüstung – zweimal ehelich, einmal außerehelich. Auch der Droste-Hülshoff zielte er mitten ins Herz, den geliebten Schücking verfehlte er aber. Auf gleicher Ebene befindet sich das Edelfräulein Wendelgard von der Haltnau. Am Säulenfuß wird das Handeln des Exorzisten Johann Joseph Gaßner dargestellt. Im wahrsten Sinne des Wortes fahren dort die Teufel aus dem Körper!

Unweit von hier gibt es am Unterstadttor einen kleinen Laden mit außergewöhnlichen Porzellanfigürchen.

Da die Stadt gut mit dem Auto und dem Schiff zu erreichen ist und aufgrund der idyllischen Lage zieht Meersburg viele Tagesausflügler an. Wegen der teilweise überregional bekannten Restaurants, Weinstuben und über 350 000 Übernachtungsgästen herrscht in der Hauptsaison nicht nur auf der Seepromenade ein ständiges Kommen und Gehen. Im »Erholungsort« Meersburg stehen den Besuchern zahlreiche Hotels, Pensionen und Ferienwohnungen zur Verfügung.

Magische Säule · Seepromenade · 88709 Meersburg
www.meersburg.de · Haltestelle: Bahnhof Friedrichshafen, Bus 7395

75 DAS HÄLT DER STÄRKSTE BAUM NICHT AUS

Einer der ältesten Bäume Deutschlands steht im Dorfkern von Hohenbodman. Man schätzt, dass die Linde vor dem örtlichen Feuerwehrhaus 500 bis 800 Jahre alt ist. Leider ist ihr Zustand bedauernswert.

Wie alt sie noch werden kann, ist nicht sicher. Wird es doch zunehmend schwieriger, dieses kulturhistorisch bedeutende Naturdenkmal zu erhalten. Denn der Linde geht es nicht gut, sie hat schwere Verletzungen davongetragen. Durch unsensible Straßenbauarbeiten in den letzten Jahrzehnten wurden die Wurzeln des Baumes des Öfteren beschädigt und sogar etwa 40 Prozent davon abgetrennt und herausgebaggert. Das hält der stärkste Baum auf Dauer nicht aus. Deshalb muss der Stamm mit seinen geschätzten sechs Metern Durchmesser schon jetzt durch etliche Stahlstangen zusammengehalten und gestützt werden. Bleibt zu hoffen, dass die Linde trotz immer wieder aufkommender Bedenken hinsichtlich der Sicherheit noch lange erhalten werden kann.

Das Naturschutzgebiet Aachtobel lässt Wandererherzen höherschlagen.

Ganz in der Nähe befindet sich ein weiteres Wahrzeichen des Städtchens, der Aussichtsturm Hohenbodman. Schon der Aufstieg über die 141 Stufen des runden Burgfrieds der einstigen Burg Hohenbodman lohnt sich. Gutes Wetter vorausgesetzt, belohnt Sie ein faszinierender Blick auf das Salemer Tal und über die Weite des Bodensees bis hin zur Alpenkette. Umfang und Höhe des romanischen Rundturms betragen jeweils 28 Meter. Der Turm ist ganzjährig geöffnet und kann täglich von 8 bis 20 Uhr besichtigt werden. Weitere Informationen erhalten Sie auch beim Ortsvorsteher von Hohenbodman, Jörg Nesensohn. Bei ihm können Sie auch den dazugehörigen Grillplatz reservieren.

Älteste Linde Deutschlands am Feuerwehrhaus · Lindenstraße 9 · 88696 Owingen-Hohenbodman
www.owingen.de · Haltestelle: Bahnhof Überlingen, Bus 7379 und 7376

DIE SIEBEN CHURFIRSTEN

76

Diese beeindruckenden Felsformationen aus Sandstein im Naturschutzgebiet Sipplinger Dreieck sind durch Erosion entstanden und eine als Geotop geschützte Seltenheit.

Der Säntis und rechts davon die Bergformation Churfirsten sind in der Ferne klar zu sehen, aber auf dem Wanderwegweiser am Ortsrand von Sipplingen steht »Churfirsten 0,8 km«. Ist das ein Versehen? Nein, denn nicht nur der Walensee, sondern auch der Bodensee hat seine Churfirsten.

Los geht's beim Parkplatz des kleinen Gewerbegebiets von Sipplingen, wo tatsächlich noch gebührenfreie Parkplätze zu finden sind – eine Seltenheit am Bodensee. Die Straße führt bis zum Waldrand, wo ein steiler Weg nach rechts zum Aussichtspunkt Zimmerwiese führt. Weiter geht's vorbei an einer Grillstelle, einer Hütte und einem Umspannwerk Richtung Hödinger Tobel. Von den sieben Sipplinger Churfirsten sind allerdings nur noch fünf erhalten. Es sollen sogar einmal 18 gewesen sein. Sie verdanken ihren Namen der Ähnlichkeit mit dem kaiserlichen Wahlgremium, denn mit ihren »Mützen« sehen sie tatsächlich wie Kurfürsten aus. Diese Mützen aus einer härteren Schicht Sandstein haben die darunterliegenden weicheren Schichten vor Erosion bewahrt. Allerdings ist das kein Schutz für die Ewigkeit, und irgendwann wird das Wasser den Kampf gegen den Sandstein gewinnen. Diese ungewöhnlichen Sandsteinfelsen sind auch von der Ortsmitte Sipplingens leicht zu Fuß zu erreichen und ein idealer Rastplatz. Am Rathausplatz folgen Sie einfach der Beschilderung »Burghalde«. Es geht vorbei an Fachwerkhäusern, dem Rathausbrunnen und dem Hänselebrunnen, weiter am Sportplatz entlang und bergauf zu einer Weggabelung. Hier folgen Sie der Beschilderung »Rund um die Burghalde«. In Richtung der »Churfirsten« geht es jetzt abwärts durch das Naturschutzgebiet.

Einer der schönsten Wanderwege entlang des Bodensees ist der »Blütenweg« am Sipplinger Berg.

Die sieben Churfirsten · Parkplatz Süßenmühle · 78354 Sipplingen
www.sipplingen.de · Haltestelle: Bahnhof Sipplingen

77 FRIEDWALD UND SCHLOSS HEILIGENBERG

Der FriedWald im Waldgebiet Amalienhain liegt an der Kante eines steil abfallenden Abhangs über der Bodenseebucht und dem durch die Eiszeit geprägten Hügelland rund um Heiligenberg. Es ist der einzige Waldfriedhof mit Blick auf Alpen und Bodensee.

Hinter der kleinen Johanneskirche, nicht weit vom Ortskern von Heiligenberg und dem gleichnamigen Schloss entfernt, erstreckt sich der Waldfriedhof Heiligenberg. Mitten im FriedWald liegt der Bellevueplatz. Wie der Name schon erahnen lässt, ist der Blick auf Schloss Heiligenberg und den Bodensee grandios. Direkt unterhalb dieses Andachtsplatzes mit dem großen Holzkreuz befindet sich die Freundschaftshöhle. Eine natürliche Grotte, die bis 1785 bewohnt wurde und an der ein Wanderweg vorbeiführt. Das Waldgebiet ist im Besitz von

Christian Erbprinz zu Fürstenberg. Das neben dem FriedWald gelegene Schloss Heiligenberg ist mittelalterlichen Ursprungs. Um 1260 ließ Graf Berthold von Heiligenberg an dieser Stelle eine Burg errichten, die bald darauf durch Kauf an die Grafen von Werdenberg überging. Unter den Grafen von Werdenberg-Heiligenberg wurde die Feste zu einer spätmittelalterlichen Burg ausgebaut.

1535 gelangte sie durch Erbgang an die heutigen Eigentümer, das Haus Fürstenberg. In den Jahren 1560–1575 wurde aus der spätmittelalterlichen Burg das Renaissanceschloss Heiligenberg. Über dem Bodensee auf einem Hochplateau gelegen, beherbergt es im Südflügel den berühmten Rittersaal mit seiner kunstvoll geschnitzten Holzdecke. Zudem befindet sich hier nicht nur der wohl prächtigste Renaissancesaal nördlich der Alpen, sondern mit der Schlosskapelle im Westflügel verfügt das Schloss auch über ein weiteres Kleinod der deutschen Renaissance. Die Kapelle dient seit 1586 als Grablege der Familie Fürstenberg und ist ein wichtiges Denkmal der fürstlichen Familiengeschichte. Ein Erlebnis ist auch die einmalige Aussicht vom Rittersaal auf den Bodensee und die Alpenkette.

FriedWald Heiligenberg · Clavelstraße · 88633 Heiligenberg · www.friedwald.de
Haltestelle: Bahnhof Salem oder Überlingen, Bus 7397 Postplatz

78 DIE METTNAU UND DIE LIEBESINSEL

Im Jahr 1956 war die unbewohnte Liebesinsel Drehort des Heimatfilms »Die Fischerin vom Bodensee«. Heute darf die Insel, des Naturschutzes wegen, nicht mehr betreten werden. Auch Wassersport ist hier verboten. Auf dem schmalen Wanderpfad vom Mettnau-Turm Richtung Markelfingen taucht am Ufer der Markelfinger Bucht eine weitere Aussichtsterrasse auf. Besonders in der kalten Jahreszeit ist von hier aus die Tierwelt besonders gut zu beobachten. Bereits 1926 von der Stadt Radolfzell unter Schutz gestellt, wurde das Naturschutzgebiet Mettnau erst 1984 auf seine heutige Größe von 180 Hektar erweitert.

Mettnau Liebesinsel · Auf der Mettnau · 78315 Radolfzell · www.radolfzell.de
Haltestelle: Bahnhof Radolfzell, Bus 5

79 GANZ AUS HOLZ: DER METTNAU-TURM

Der Weg zum Aussichtsturm ist nicht leicht zu finden. Am einfachsten ist es deshalb, beim Strandbad Mettnau links an den Tennisplätzen vorbei der Strandbadstraße zu folgen. Nach dem Parkplatz geht's noch mal links ab in den Floerikeweg, an dessen Ende steht er dann, der 18 Meter hohe Aussichtsturm der Mettnau. Der Aufstieg lohnt nicht nur wegen der grandiosen Aussicht. Wer die große Vielfalt an Vögeln beobachten möchte, wird hier seine Freude haben. Aber wenn das Wetter mitspielt, eröffnet sich vom Turm aus auch für alle anderen Besucher eine einmalige Rundumsicht auf den Säntis, die Schweizer Alpen, den Thurgauer Seerücken, die Insel Reichenau und den Hegau. Der ganz aus Holz gefertigte Turm ist an sich schon sehenswert.

Mettnau-Turm · Auf der Mettnau · 78315 Radolfzell · www.radolfzell.de
Haltestelle: Bahnhof Radolfzell, Bus 5

Das große Fressen

GLOBAL PLAYERS

NACKTE TATSACHEN AM ZOLLHAUS

80

Schon von Weitem fällt der Blick auf das große Wandrelief *Ludwigs Erbe* von Peter Lenk. Provokant daran ist nicht nur das Teilrelief *Global Players* mit Darstellungen einiger nackter Politiker.

Seit der Enthüllung des Wandreliefs im Jahr 2008 werden hier wesentlich mehr Spaziergänger und Touristen gesichtet. Das Zollhaus Ludwigshafen selbst hat heute unterschiedliche Funktionen. Befinden sich doch das Rathaus sowie Tagungs- und Ausstellungsräume und ein Viersternehotel mit Spitzengastronomie darin. Nicht zuletzt die wunderschöne und ruhige Lage direkt am See macht aus Hochzeitsfeiern, Jubiläen, Meetings oder Präsentationen etwas ganz Besonderes. Mit modernster Technik ausgestattet, stehen Bankettträume auf drei Etagen für die unterschiedlichsten Veranstaltungen zur Verfügung. Hier findet unter anderem der jährliche Künstler- und Weihnachtsmarkt von Ludwigshafen statt.

Einst war das Zollhaus Umschlagplatz für Waren und wurde als Lagerhalle genutzt. Im frühen 19. Jahrhundert wollte Carl Hamma den kleinen Ort Ludwigshafen, der damals noch Sernatingen hieß, nach dem Beispiel von Friedrichshafen zu einem bedeutenden Güterumschlagplatz machen. Erst nach vielem Hin und Her bekam der Hafen sein heutiges Gesicht – und der Ort wurde in Ludwigshafen umbenannt. Das ehemalige Lagerhaus wurde durch einen Neubau ersetzt. Ein sogenannter Ladschopf, in dem Fahrzeuge be- und entladen wurden, war das neue Verbindungsstück zwischen Lagerraum und Zollamt. Ein noch gut erhaltener Holzkran aus dieser Zeit ist der letzte stumme Zeuge einer beeindruckenden Vergangenheit. Das ehemalige Badische Hauptzollamt gilt heute als Wahrzeichen des Ortsteils Ludwigshafen. Eingebettet in eine Hügellandschaft, nahe eines ausgedehnten Naturschutzgebietes, liegen sich die beiden Ortsteile Ludwigshafen und Bodman am See direkt gegenüber. Unter Kennern zählt diese am westlichen Ende des Bodensees gelegene Ecke mit ihrer Vielzahl an seltenen Pflanzen und Vögeln zu den schönsten des Sees.

Zollhaus · Hafenstraße 4 · 78351 Bodman-Ludwigshafen
www.zollhaus-ludwigshafen.de · Haltestelle: Bahnhof Ludwigshafen

81 *KAMPF UM EUROPA* UND *EL NIÑO* IN RADOLFZELL

In Radolfzell sind zwei außergewöhnliche Skulpturen zu finden. Hier haben der für Satire bekannte Bildhauer Peter Lenk sein Relief *Kampf um Europa* sowie der in Stuttgart und Berlin lebende Ubbo Enninga *El Niño* installiert.

Die 13 Meter hohe Skulptur *Kampf um Europa* in der Sankt-Johannis-Straße zeigt die griechische Göttin, die gleich von mehreren kleinen Figuren, welche stark an deutsche Politiker erinnern, belagert wird. Sie hängen an ihren nackten Brüsten, sitzen auf ihrem Kopf oder bedienen zu ihren Füßen eine Fernbedienung, und jede möchte etwas abhaben. In seiner politischen Aussage folgt es dem Ludwigshafener Wandrelief. Es ist Peter Lenks Kommentar zur aktuellen Europa-Politik, und Ähnlichkeiten zu bekannten Politikern sind nicht zu übersehen: »Wir leben in prosaischen Zeiten. Wer denkt heute noch an den griechischen Mythos, wenn er von Europa spricht? Zeus, Poseidon, Aphrodite, olympisches Gelächter, wo sind sie geblieben? Pleite-Griechen, Schuldenschnitt, Milliardenhilfe sind die Schlagwörter von heute. Geld, Geld, Geld hat die Götter verdrängt. Die Finanzmärkte stehlen den Menschen die Zeit, die Verweildauer auf Toiletten muss überprüft, die Siesta abgeschafft werden. Politiker, Banker und Manager nuckeln, saugen und schmatzen an Europas Brüsten im Zeichen des Neoliberalismus. Alternativlos. Europas Staaten werden gemolken von einer technokratischen Elite, die weder die Fantasie von Zeus noch die Sinnlichkeit einer Europa hat«, so der Künstler.

Angeregt durch das Wetterphänomen, versucht der Künstler Ubbo Enninga in seiner Skulptur *El Niño* kosmische Energien in einer »stehenden Welle« zu bündeln und schafft ein Bewusstsein für menschliche, lunare, aber auch solare Kräfte. Die erste Fassung der Bronzeskulptur steht als permanente Installation im Bodensee an der Mole von Radolfzell, eine zweite Ausführung, ebenfalls aus Bronze, ist in Biedenkopf an der Lahn zu finden. Je nach Wasserstand sitzt sie manchmal auf dem Trockenen.

Skulpturen *Kampf um Europa, El Niño* · 78315 Radolfzell
www.radolfzell.de · Haltestelle: Bahnhof Radolfzell

82 FRISCHES GEMÜSE – BEDIENEN SIE SICH!

Was man sonst nur von Blumenfeldern kennt, nämlich die Selbstbedienung am Straßenrand, ist auf der Insel Reichenau auf frisches Gemüse erweitert worden. Eine tolle Idee! Sobald Sie den Damm überquert haben, können Sie ihn schon riechen, den einzigartigen Kräuterduft der Reichenau. Wer an einem Gemüsestand vorbeikommt, kann sich sein Gemüse selbst aussuchen und den entsprechenden Betrag einfach in die Kasse werfen. Sind Sie mit dem Fahrrad auf der Insel unterwegs, kommen Sie auch am Kloster vorbei. Interessant und lehrreich ist ein Besuch des Kräutergartens, der hinter dem Kloster liegt.

Gemüseanbau · Insel Reichenau · 78479 Reichenau
www.reichenau.de · Haltestelle: Bahnhof Reichenau, Bus 7372

83 JETZT FAHR'N WIR ÜBERN GNADENSEE

Eine einfache Möglichkeit, mit oder ohne Fahrrad auf die Insel Reichenau zu gelangen, ist die Fähre »Gnadensee«. Wer nicht über den Damm fahren möchte, hat auch die Möglichkeit, am Schiffsanleger von Allensbach die Fähre zu nehmen. Sie fährt mehrmals täglich hin und zurück. Das Fahrrad darf mit auf die Fähre. Von hier legt auch die »MS Alet« zu Rundfahrten über den Untersee ab. Wer den Bodensee selbstständig entdecken möchte, kann bei der Familie Baumann auch Kanu-, Ruder- oder Tretboote mieten. Sind Sie mit dem Fahrrad unterwegs, können Sie dieses natürlich mit auf die Fähre nehmen.

Schifffahrt Baumann · Brunnengasse 3 · 78476 Allensbach
www.schifffahrtbaumann.de · Haltestelle: Bahnhof Allensbach, Bus 7354

Bio - Gemüse
Naturland
Bio
Gemüse
Nichts aus den
Tüten rausnehmen!

DIE RAPPENLOCH-SCHLUCHT

84

Auf abenteuerlichen Stegen und vorbei an außergewöhnlichen Felsformationen können Sie in der Nähe von Dornbirn zwei der größten Schluchten Mitteleuropas erkunden: Hinter der bekannteren Rappenlochschlucht liegt die oft übersehene, aber keinesfalls weniger faszinierende Alplochschlucht.

Eine Wanderung beginnen Sie am besten im Ortsteil Gütle. Nach einem kurzen Spaziergang erreichen Sie den Einstieg zur Rappenlochschlucht. Ein gut beschilderter Weg führt nun am Rand der Schlucht in die Höhe und mündet in einen spektakulären Steig, der quasi an einer Felswand klebt. Hier eröffnen sich Ihnen atemberaubende Ausblicke in die Schlucht und auf den Felssturz. Faltungen und Versteinerungen erinnern an die Bildung des Gesteins in einem warmen, erdmittelalterlichen Meer und an die spätere Gewalt der Gebirgsbildung in den Alpen. Am Ende der Schlucht erreichen Sie den Staufensee mit seinem schönen Rundweg. Hinter dem Kraftwerk am südlichen Ende des Sees beginnt gleich die Alplochschlucht, in der ein schön angelegter Holzsteig wunderbare Schluchterlebnisse bietet. Der Wanderweg führt dann weiter hinauf bis zur Ebniter Straße, wo sich die Bushaltestelle Schmitte befindet. Von hier kommen Sie über einen steilen Aufstieg zu einem Highlight, das Sie auf keinen Fall versäumen sollten. Das „Kirchle" ist eine romantisch gelegene, heute trockene Schlucht, deren Form dank der Auswaschung stark an ein Kirchengewölbe erinnert. Die großen Hallen dieser eindrucksvollen, romantischen, heute trockengefallenen Klamm hoch über dem Alploch zeigen noch alle Spuren einstmaligen Wasserdurchflusses – auf 65 Metern Länge, bis zu 13 Metern Breite und mit beeindruckenden mehr als 20 Metern Tiefe.

Die kostenlose „Wanderkarte Rappenloch" gibt Ihnen einen Überblick über das Wandergebiet rund um den Karren und die Rappenlochschlucht: www.rappenloch.at/wanderrouten/wanderkarte

Rappenlochschlucht · normalerweise tgl. Mitte Apr.–Mitte Nov., je nach Witterung, Führungen von Mitte Juni–Mitte Sept., jeden Do, 10.30 Uhr · Im Gütle · A-6850 Dornbirn · www.rappenloch.at · Haltestelle: Bahnhof Dornbirn, Bus 46 oder 47 bis Gütle

85 AN DER MOLE – LETZTER BAUM

Radolfzell ist bekannt für sein Münster, seine Mole und nicht zuletzt für seinen diplomierten Lebenskünstler Sepp Bögle. Seit 1997 ist der Aussteiger hier jedes Jahr von April bis Oktober »am letzten Baum« anzutreffen. Wer Lust hat zu philosophieren, kann von ihm vielleicht einen Rat fürs Leben bekommen.

Vor der selbst gewählten »Steinzeit« lebte Sepp Bögle ein konventionelles Leben. In Anzug und Krawatte ging der gelernte Koch seiner Arbeit als selbstständiger Handelsvertreter nach, hatte ein Haus, ein großes Auto, den Pilotenschein und symbolisierte nach außen hin Erfolg und Wohlstand. Eben: »Alles, was man braucht zum Angeben!« Dabei verlor er langsam aber sicher seine Lebensfreude, und das Seelenleben blieb auf der Strecke. Nach intensiven Sinnfragen änderte er daraufhin sein Leben drastisch.

Seiner Tochter zuliebe zog er nach Radolfzell. Jetzt war für ihn die Zeit gekommen, spontan reduzierte er sein Hab und Gut auf den Inhalt zweier Koffer. Seitdem balanciert er am Bodenseeufer Steine. Die »Einfachheit« dieser Kunstform fasziniert ihn bis heute. Ermöglicht sie ihm doch sowohl die Einfachheit des Lebens als auch die Vergänglichkeit des Augenblicks auszudrücken. Faszinierend, wie er durch sein Gespür, die teilweise richtig schweren Steine aus dem Bodensee ausbalanciert und damit scheinbar mühelos unverwechselbare Figuren entlang der Mole errichtet. »Da ich meine Balance gefunden habe, finde ich sie auch in den Steinen!«

Jedes Jahr im Herbst tut es Sepp den Vögeln gleich und zieht in wärmere Gefilde. So hat er jedes Jahr von Oktober bis April ein kleines Ferienhaus auf Lanzarote zur Verfügung. Hier bringt er philosophische Texte über seine Sicht des Lebens zu Papier. Daraus sind mittlerweile schon vier Büchlein entstanden. Von deren Verkauf und dem seiner Postkarten bestreitet er den Lebensunterhalt. In der restlichen Zeit des Jahres ist Sepp Bögle meistens an seiner offiziellen Postanschrift und Verkaufsstelle »An der Mole – letzter Baum« zu finden.

Sepp Bögle · An der Mole – letzter Baum · 78315 Radolfzell
www.radolfzell-tourismus.de · Haltestelle: Bahnhof, direkt dahinter an der Mole

EINE SCHÖNE TOUR DURCHS RHEINDELTA

86

Das Delta des Alpenrheins erstreckt sich von Staad im Westen bis Bregenz im Osten und im Süden einige Kilometer weit. Im Norden ist das Bodenseeufer die natürliche Grenze.

Ohne menschliches Zutun würde Hard heute nicht am Bodensee liegen, sondern am Rand einer großen Schwemmebene. Rund zwei Millionen Kubikmeter Sand und 40 000 Quadratmeter Kies schiebt der Rhein jedes Jahr aus den Alpen in den Bodensee. Natürlich würden diese Massen das Mündungsgebiet verändern. Deshalb hat man vorgesorgt und die Mündung des Rheinkanals weiter in die Seemitte verlegt.

Rheindelta Marktgemeinde Hard · Neulandstraße · A–6971 Hard
www.hard.at · Haltestelle: Bahnhof Hard-Fußach, weiter zu Fuß oder mit dem Fahrrad

DER NATURPARK BREGENZ

87

Um von Hard nach Bregenz zu gelangen, haben Sie mehrere Möglichkeiten: Entweder nutzen Sie den direkten Weg von etwa fünf Kilometern, oder Sie nehmen den Weg entlang des Ufers, der zwar ungleich länger ist, wo aber viele versteckte und wunderschöne Winkel darauf warten, entdeckt zu werden. Auf der Karte scheint es überschaubar. Wer aber das ganze Rheindelta immer der Wasserkante entlang bewältigen will, sollte die Strecke und den Zeitaufwand nicht unterschätzen. Es lohnt jedoch allemal, sich die vielen Badebuchten, Grillplätze, Kiesbänke und Freiflächen in aller Ruhe anzuschauen. Denn außer an den Badeplätzen ist hier nicht viel los. Natur pur erwartet den Besucher.

Naturpark Bregenz · Strandweg · A–6900 Bregenz
www.bregenz.at · Haltestelle: S-Bahn: Achsiedlungsstraße

88 FEUCHTGEBIETE IN DER HARDER BUCHT

Das Rheindelta gilt als wichtiger Lebensraum für eine Vielzahl seltener Pflanzen und Tierarten, von denen inzwischen einige europaweit bedroht sind.

Bei einer Gesamtfläche von 2000 Hektar entfallen 450 Hektar auf Feuchtwiesen und Schilfröhricht. Diese bieten den über 330 Vogelarten, die im Rheindelta von einigen Plattformen beobachtet werden können, Lebensraum. Vor allem große Wasser- und Watvogelscharen rasten und überwintern hier. Diese Streuwiesen sind Lebensraum für eine sehr große Anzahl seltener und gefährdeter Tier- und Pflanzenarten. Durch die Verlandungen des Alpenrheins wurde ab 1958 mit der Sanierung der Harder Bucht begonnen. Daraus entstand der Grüne Damm. Gäste aus nah und fern schätzen insbesondere die gepflegten Parkanlagen am Seeufer, deren Feuchtgebiete nicht nur ein Paradies für Vögel darstellen.

Seit 1942 steht das Rheindelta am östlichen Bodensee auch wegen der beeindruckenden Landschaft unter Naturschutz. Wenn man sich ruhig verhält und schnelle Bewegungen vermeidet, können von den diversen Aussichtsplattformen die unterschiedlichsten Tiere beobachtet werden. Gleichzeitig ist das Rheindelta aber auch ein Landwirtschafts- und viel besuchtes Erholungsgebiet. Es ist daher eine Herausforderung, die empfindlichen Lebensräume in der intensiv genutzten Landschaft zu erhalten.

Im nahe gelegenen Rheindelta-Haus, der Servicestelle des Naturschutzgebietes, erhalten Sie Auskünfte aller Art. Nach der Rheinbrücke Hard-Fußach der Straße entlang des Rheindammes folgen und nach rund 1,5 Kilometern zweigt eine Straße zum Rheindeltahaus ab.

Nach der Eröffnung des Fußacher Durchstichs im Jahr 1900 bildete sich an der neuen Rheinmündung sehr rasch ein Schwemmkegel. Es drohte die Verlandung der Hard-Fußacher-Bucht und eine Zweiteilung des Bodensees. Um den Uferbereich zu erhalten, wurde seit 1972 der Rheinkanal in Richtung Seemitte verlängert, um die Ablagerungen in die Seemitte zu leiten.

Naturschutzgebiet Hard · Uferweg am Bodensee · A–6971 Hard
www.hard.at/de/naturschutzgebiet · www.rheindelta-bodensee.com
Haltestelle: Bahnhof Hard-Fussach, weiter zu Fuß

EINMAL LOKFÜHRER SEIN – IM LOCORAMA!

89

Vom großen Bahnhof Romanshorn und seinen Anlagen ist das meiste verschwunden. Die markantesten Anlagen wie die Lokremise und die beiden Stellwerkgebäude sind zum Glück erhalten und heute in Nutzung der Locorama.

Wie ausgedehnt die Bahnanlagen in Romanshorn einst waren, zeigt die sogenannte Siegfriedkarte von 1930. Die meisten Lagerhäuser und Gleise rund um den Hafen, wie auch die Fußgängerüberführung über die Gleisanlagen, sind nicht mehr vorhanden. Die Lokremise hat glücklicherweise überlebt und bietet jetzt Platz für die vielen Zug-Exponate und ihre Instandhalter. Die Gleise rund um die Lokremise und die große Drehscheibe sind ebenfalls weitgehend erhalten.

Auf einer Fläche von über 12 000 Quadratmetern ist die Locorama Romanshorn eine Eisenbahn-Erlebniswelt, die ihresgleichen sucht. Nicht nur die Dampflokomotive Ec 3/5 der ehemaligen Mittelthurgaubahn oder die bayerische Dampflok S 3/6, ein »Tigerli«, und die kleine Escher-Wyss Industriedampflok ziehen bewundernde Blicke auf sich. Auch eine 7 1/4 Gartenbahn fährt am Sonntag bei trockener Witterung durch das Areal mit der 20-Meter-Drehscheibe. Sehenswert sind ebenfalls die zahlreichen Loks, die noch nicht restauriert im Dornröschenschlaf darauf warten, wieder hübsch gemacht zu werden. »Rat-style« der besonderen Art.

Warum üben Sie sich nicht mal als Lokführer am Steuerstandsimulator oder folgen einer Demonstration eines mechanischen Stellwerks an einem HO Modellbahnhof. Auch für Ausflüge mit größeren Gruppen bis zu 200 Personen besteht die Möglichkeit, Führungen zu organisieren und sich im Anschluss auf Wunsch beim bestellbaren Catering zu stärken. Eine alljährliche Sonderausstellung rundet den Besuch der Eisenbahn-Erlebniswelt ab. Ein Muss für Eisenbahnfans!

Mit der Bodensee-Erlebniskarte ist der Eintritt übrigens für alle großen und kleinen Eisenbahner frei!

Locorama · Anfang Mai – Ende Okt. Mi–So 13–17 Uhr Egnacherweg 1 · CH–8590 Romanshorn
www.locorama.ch · Haltestelle: Bahnhof Romanshorn

90 DIE HOLZBRÜCKE DORNBIRNER ACH

An nur wenigen Stellen war der Fluss gefahrlos zu überqueren. Brücken wurden gebaut und einige dieser Holzbrücken sind noch erhalten und stehen bis heute unter Denkmalschutz.

In der Nähe des Bergorts Ebnit entspringt die Dornbirner Ach im Valorsertal an der Nordwestflanke des Hohen Freschens. Durch tiefe Schluchten der Dornbirner Berglandschaft fließt die Ach nach der Schaufelschlucht durch die Alplochschlucht und wird zum Staufensee aufgestaut. Bevor sie nach etwa 15 Kilometern im Dornbirner Gütle am Krippenmuseum und dem Rolls-Royce Museum in der ehemaligen Textilfabrik vorbeifließt, durchquert sie die Rappenlochschlucht. In zahlreichen Mäandern schlängelt sich der Fluss anschließend durch das schöne Lauteracher Ried und bildet gemeinsam mit dem Alten Rhein das Naturschutzgebiet Rheindelta. Parallel zum Alpenrhein fließt die Dornbirner Ach dann bei Hard in den Bodensee. Für die Bauern war sie ehemals ein natürliches Hindernis, das sie zu meistern hatten, um Alpwirtschaft im Dornbirner Firstgebiet betreiben zu können. Spätestens beim Überqueren der alten hölzernen Fußgänger- und Radfahrerbrücke bekommen Sie einen Eindruck davon, wie es wohl gewesen sein muss, als es keine andere Möglichkeit gab, den Fluss zu kreuzen.

Heute führt der Radwanderweg entlang des Mündungsgebiets der Ach bis nach Dornbirn. Da es hier sonst schwierig ist, eine ruhige Route zum Wandern zu finden, bietet sich das Gebiet entlang der Dornbirner Ach, im Bereich der Furt, geradezu an. Flussaufwärts führt der als Joggingrunde ausgeschilderte Weg in die Stadt. Wenn Sie der Ach flussabwärts folgen, entfernen Sie sich auf dem naturnahen, ruhigen Weg von der Stadt und landen irgendwann in einer Riedlandschaft. Hier haben Sie die Möglichkeit zu einer gemütlichen Einkehr in »Peter's Moststüble« oder beim »Möcklebur«. Beide sind beliebte Ausflugsziele, wo wirklich noch Speisen und Getränke aus der Region auf der Karte stehen. Beim Möcklebur gibt es sogar einen kleinen Streichelzoo für Kinder.

Dornbirner Ach · Bodenseeweg · A–6900 Bregenz
www.bregenz.at · Haltestelle: Bahnhof Bregenz, weiter zu Fuß oder mit dem Fahrrad

FESTUNG UND KULTURZENTRUM: DER MUNOT

91

Früher Teil der Stadtbefestigung, ist der Wachturm Munot heute ein Wahrzeichen Schaffhausens und Veranstaltungsort in einem. Vom Konzert bis zum Freilichtkino, hoch über der Stadt wird im Sommer einiges in der einzigartigen Kulisse geboten.

Von 1564 bis 1589 wurde am »Munot« gebaut, der als Artilleriebefestigung Teil der Stadtmauer war. Den Schaffhausern ging es aber nicht nur um die Stadtbefestigung, sondern auch darum, ein repräsentatives Bauwerk zu erschaffen. Bald nach dessen Fertigstellung kamen erste Zweifel auf, ob der Munot der Artillerie würde standhalten können. Dieser wurde dann aber nur einmal militärisch besetzt, als sich die Franzosen im Jahr 1799 auf dem Rückzug vor den Österreichern auf dem Munot verschanzten. Zu Beginn des 19. Jahrhunderts verlor die Stadtbefestigung dann jede Bedeutung, zerfiel und wurde zum Steinbruch. Doch Rettung war durch den großen Einsatz von Johann Jakob Beck (1786–1868) in Sicht. Dieser Lebenskünstler war Zeichenlehrer an der Kantonsschule, setzte sich ab 1826 tatkräftig für die Rettung des Munots ein und gründete 1839 den Munotverein. Auf seine Initiative hin wurde 1826 mit der Restaurierung des vom Einsturz bedrohten Turms begonnen. 1839 war es endlich so weit: Mit Reden, Musik, Gesang und 615 Böllerschüssen wurde der renovierte Munot eingeweiht.

Ein schmaler Weg führt durch die Weinreben in die Altstadt.

Als städtisches Kulturzentrum dient er heute dem Munotverein als Veranstaltungsort, wo am Samstagabend während der Sommermonate auf der Munotzinne die bekannten Munotbälle mit Live-Tanzmusik stattfinden. Dabei wird zweimal pro Abend die Quadrille getanzt. Dieser Gesellschaftstanz wurde im 17. Jahrhundert erstmals in Frankreich und England erwähnt und wird seit über hundert Jahren während der Munotbälle zelebriert. Heute ist das Wahrzeichen Schaffhausens tagsüber frei zugänglich, und es finden Freilichtfilmvorführungen und Konzerte statt.

Munot · Mai–Sept. 8–20 Uhr, Okt.–Apr. 9–17 Uhr Munotstieg 17 · CH–8200 Schaffhausen
www.munot.ch · Haltestelle: Bahnhof: Schaffhausen

92 DIE HOCHWACHT VON KLINGENZELL

Zugegeben, mit dem Auto ist die Anreise natürlich bequemer. Für trainierte Wanderer und Radler stellt sie aber sicher auch kein größeres Problem dar. Geht der Weg doch nur in eine Richtung, nämlich bergauf!

Einer der schönsten Aussichtspunkte der Bodenseeregion, die Hochwacht von Klingenzell, wurde jahrhundertelang genutzt, um in Kriegszeiten und bei Gefahr alle Richtungen im Blick zu haben. Der mit Graffiti verschönerte Betonbunker erinnert an diese Kriegszeiten.

Heute ist dieser grandiose Ausblick einfach nur mit Vergnügen verbunden und von den Parkbänken oder vom Grillplatz aus zu genießen. Allein das Panorama, weit über den Untersee bis über die Insel Reichenau und die Höri hinaus und in der Gegenrichtung über Klingenzell bis zum Hochrhein, ist den steilen Weg hier hinauf wert. Der schöne Platz bietet sich geradezu an, ein Picknick zu machen oder einfach mitgebrachte Würstchen zu grillen und auf den traumhaften Sonnenuntergang zu warten. Ohne Auto ist der Weg aber wirklich nur etwas für Leute mit guter Kondition!

Liegt im Winter Schnee, ermöglicht ein kleiner Skilift Abfahrten mit winterlichem Seeblick.

Die kleine barocke Kapelle und Marienwallfahrtsstätte Klingenzell ist nur wenige Schritte entfernt. Es wird erzählt, dass im Jahr 1333 der Ritter Walter von Hohenklingen hier oben von einem Wildschwein gejagt wurde. Als er in seiner großen Not zu Gott und Maria betete, versprach er für den Fall seiner Rettung, dass er in Klingenzell eine Kapelle bauen werde. Nach seiner Rettung hielt er Wort und ließ die Kapelle durch die Edelfreien von Hohenklingen erbauen.

Nebenan finden hungrige Mägen sicher etwas Leckeres auf der Speisekarte des Gasthauses »Klingenzellerhof«, das für die »besten« Rösti der Umgebung und für das Grillfleisch vom eigenen Bauernhof weithin bekannt ist.

Klingenzeller-Hochwacht · Weiler an der Brücke · CH–8265 Mammern
www.klingenzellerhof.ch · Haltestelle: Bahnhof Mammern

DIE ALTSTADT VON EGLISAU

93

Eglisau, das ehemalige Handwerkerstädtchen mit seiner bezaubernden Altstadt, ist eine der schönsten Ortschaften am Rhein und im Umland des Bodensees.

Die mittelalterliche Altstadt liegt am Nordufer des Rheins nahe der deutschen Grenze und ist bis heute in der Ortsmitte deutlich erkennbar und gut erhalten. Leider wurde im Zug der Modernisierung der ehemalige Pulverturm, das frühere westliche Stadttor, abgebrochen. Jetzt erinnert nur noch der Name Törliplatz an ihn. Bemerkenswert! Eglisau hat trotz seiner nur etwas mehr als 4900 Einwohner das alte Stadtrecht behalten, das es im Mittelalter erworben hatte. Die schöne, allerdings überschaubare Uferpromenade lädt zum Baden oder zu einer Rast ein, und die schmalen Gassen spenden im Sommer Schatten.

Das Städtchen am Rhein ist ein idealer Ausgangspunkt für Wanderungen entlang des Weinwanderwegs durch die Reben am Südhang hoch über dem Rhein. Das barocke Weierbachhus mit dem Ortsmuseum ist ebenfalls einen Besuch wert.

Funde aus der Zeit der Kelten, der Römer und der Alemannen deuten auf eine frühe Besiedlung der Gegend hin. Die ursprüngliche Gründung von Eglisau ist wahrscheinlich auf die günstige Lage am Rhein zurückzuführen und brachte Einkommen für Handwerk und Gewerbe. Die Leute fanden Arbeit durch den Fischfang und den Transport von Waren, insbesondere von Salz und Holz auf dem Rhein.

In den Jahren 1915 bis 1920 erfolgte durch den Bau des Kraftwerks in Rheinfelden der bedeutendste Eingriff in das Ortsbild. Entlang der Rheingasse sowie in Oberriet mussten jeweils 15 Häuser dem Rheinstau weichen, denn der Rheinpegel stieg um acht Meter. Auch die gedeckte Holzbrücke fiel dem Rheinstau zum Opfer und wurde 1919 durch die heutige Steinerne Brücke ersetzt. Eglisau war jahrhundertelang ein typisches Handwerkerstädtchen und mit den drei Jahrmärkten der wirtschaftliche Mittelpunkt der umliegenden Bauerndörfer.

Altstadt Eglisau · CH–8193 Eglisau · www.eglisau.ch
Haltestelle: Bahnhof Eglisau, S-Bahn der SBB

94 WALLFAHRTSORT MIT HOLZBRÜCKE: IM WERD

Der Name der Insel, Werd, leitet sich von dem Begriff »Ward« ab, der eine Flussinsel bezeichnete. Die Hauptinsel der insgesamt aus drei Inseln bestehenden Inselgruppe Im Werd hat eine interessante Vergangenheit. Funde führen bis in die Zeit der Pfahlbauer 5000 v. Chr. zurück. Auch Otmar, der erste Abt der Benediktinerabtei St. Gallen, verbrachte hier die letzten Monate seines Exils und verstarb dort 759. Auf der Grabstätte Otmars entstand im 10. Jahrhundert ein Vorgängerbau der heute noch vorhandenen romanischen Kapelle. Später entwickelte sich Werd dann zu einem Wallfahrtsort, zu erreichen über eine 125 Meter lange Holzbrücke.

Franziskaner-Konvent, Kloster St. Otmar · Im Werd · CH–8264 Eschenz
www.eschenz.ch · Haltestelle: Bahnhof Stein am Rhein

95 DAS BÜRGERASYL IN STEIN AM RHEIN

Das im 13. Jahrhundert erbaute ehemalige Klosterspital bot auch dem Waisen- und Armenhaus eine Unterkunft. Ein Begegnungszentrum mit interessanter Vergangenheit. Das ehemalige Spital zum Heiligen Geist bestand anfänglich nur aus einem Kerngebäude und dem östlich anschließenden Wirtschaftsgebäude. Im Lauf der Jahre wurde es um fünf Gebäude erweitert. Der Komplex wurde von 1999 bis 2002 unter größtmöglicher Erhaltung der originalen Bausubstanz restauriert. Heute beherbergt er stilvolle Sitzungs- und Veranstaltungsräume, das Stadtarchiv, Wohnungen sowie die Tourist-Information. Sehenswert sind auch die Fachwerkhäuser in der Altstadt von Stein am Rhein.

Bürgerasyl · Oberstadt 3–13 · CH–8260 Stein am Rhein
www.stein-am-rhein.ch · Haltestelle: Bahnhof Stein am Rhein

BERLINGEN

EXPLOSIVES DENKMAL: DER KESSEL STEDI

96

Weil der Dampfkessel explodierte, ging das Schiff »Rheinfall« vor Berlingen unter. Das berühmte Bild über das Schiffsunglück von Adolf Dietrich können Sie heute im Restaurant »Schiff« bewundern.

Beim Ablegen vom Schiffsanleger (Stedi) kam es am 20. Dezember 1869 auf dem Glattdeck-Dampfschiff »Rheinfall« zu einer derart heftigen Kesselexplosion, dass dabei sieben Personen sowie mehrere Rinder getötet wurden. Das Schiff sank sofort und wurde erst zwei Jahre später gehoben. Repariert und unter dem neuem Namen »Neptun« wurde es wieder in Dienst gestellt, bis es 1922 ein weiteres Mal sank. Diesmal allerdings bei Reparaturarbeiten in der Werft. Es wurde erneut gehoben, bis es schließlich 1939 verschrottet wurde. Als Denkmal steht jetzt der 1995 geborgene Kessel an der Schiffsanlegestelle. Die Schiffsglocke der »Rheinfall« hängt übrigens zum Andenken bis heute am nostalgischen Holzhäuschen des Anlegers.

Im Adolf Dietrich-Haus in der Seestraße 31 in Berlingen erfahren Sie mehr über den Künstler.

Offensichtlich blieb diese Katastrophe über Jahrzehnte Tagesgespräch. Denn obwohl das Unglück schon Jahre vor der Geburt des Künstlers stattgefunden hat, stellte er die Explosion des Dampfkessels und den Untergang des Schiffes wie ein Augenzeuge in einem Gemälde dar und stützte sich dabei auf eine Vorlage aus einem Appenzeller-Kalender von 1871. Als Sohn eines Kleinbauern wird Adolf Dietrich 1877 in Berlingen geboren. Bis in die Mitte der 1920er-Jahre malt er nur an Wochenenden und Feierabenden, während er seinen Lebensunterhalt als Maschinenstricker, Wald- und Bahnarbeiter verdient und seinem Kleinbauerngewerbe nachgeht.

Erst im Alter von 50 Jahren stellen sich erste Verkaufserfolge ein, und er kann sich fortan ganz der Malerei widmen. Diese wird nicht nur in seinem Heimatdorf, sondern auch in Berlin, Paris und New York gezeigt. Seine Heimat bleibt allerdings bis zu seinem Tod 1957 Berlingen.

Kessel Stedi · Seestraße Anleger · CH–8267 Berlingen
www.berlingen.ch, www.adolf-dietrich.ch · Haltestelle: Bahnhof Berlingen

97 PER ZAHNRADBAHN NACH APPENZELL

Heute verkehrt in jede Richtung stündlich ein Zug zwischen Rorschach Hafen und Heiden. Vor allem im Sommer wird man durch die historischen, offenen Waggons in alte Zeiten zurückversetzt.

Jeden Sommer darf Rosa, die ehemalige Werkslok, wieder auf die 5,6 Kilometer lange Normalspur-Zahnradbahn-Strecke, auf der von Mai bis September jeden 1. Sonntag im Monat Dampffahrten angeboten werden. Los geht's am Bahnhof gegenüber des Heimatmuseums Kornhaus.

Die Rorschach-Heiden-Bergbahn zählt zu den traditionsreichsten Bergbahnen der Schweiz. 1875 als Normalspur-Zahnradbahn offiziell eingeweiht, erschließt sie von Rorschach aus das Appenzellerland. An der Endstation auf 800 Metern Höhe bietet das Biedermeierdorf Heiden einen überwältigenden Ausblick auf den Bodensee.

In den Sommermonaten hat die Rorschach-Heiden-Bergbahn eine attraktive Rundfahrt im Angebot. Von Mai bis September geht es dann mit zwei Bergbahnen, dem Postauto sowie per Schiff von Rorschach über Heiden, Walzenhausen und Rheineck wieder zurück nach Rorschach. Zusteigen und beenden kann man die Fahrt an jedem beliebigen Ort.

Alternativ kann man mit dem Postauto auch von Heiden Richtung St. Gallen fahren, um vom Hauptbahnhof aus weiterzureisen.

Start ist in Rorschach Hafen, nach 30 Minuten ist das Biedermeierdorf Heiden im Appenzellerland erreicht. Nach der Besichtigung des weltweit einzigartigen, in klassizistischer Bauweise errichteten Dorfplatzes, einem Blick vom örtlichen Kirchturm oder dem Besuch des Henry-Dunant-Museums müssen Sie sich entscheiden. Entweder geht's zu Fuß weiter auf dem Witzwanderweg (ca. 3 Std.) oder mit dem Postauto nach Walzenhausen. Dann mit der Bergbahn Rheineck-Walzenhausen hinunter nach Rheineck und von dort mit dem Schiff durch das Naturschutzgebiet des alten Rheins zurück zum Ausgangspunkt Rorschach Hafen.

Rorschach-Heiden-Bergbahn · Churerstraße · CH–9400 Rorschach
www.appenzellerbahnen.ch · Haltestelle: Bahnhof Rorschach

125 Jahre RHB · 1875-2000
RORSCHACH-HEIDEN-BER
2
32 PL

HELVETIA
TG 10

DER LÄNGSTE STEG IM BODENSEE

98

Güttingen besteht eigentlich nur aus ein paar Häusern und einem Kieshafen, von dem das meiste Stein-Schüttgut am Bodensee stammt. Altnau ist nicht nur stolz auf sein gepflegtes Seeufer, sondern auch auf seinen Anlegesteg, mit 270 Metern ist er der längste im Bodensee.

Auf dem Radweg Richtung Altnau kommen Sie an Güttingen vorbei. Direkt am Ufer der kleinen Ortschaft liegt der sogenannte Kieshafen Güttingen. Wann immer es galt, am Bodensee bei Bau- oder Baggerarbeiten etwas aufzufüllen oder zu befestigen, kamen die passenden Steine vom Kieshafen. Von Splitt bis hin zu riesigen Wacken gibt's hier bis heute Steine aller Art. Daneben sind aber auch die bunt gestrichenen, alten Kieskähne schön anzuschauen.

Die Seegemeinde Altnau gleich nebenan hat einen eigenen Bootshafen und so einiges mehr zu bieten, aber besonders stolz ist man auf die neue Schiffsanlegestelle für die öffentliche Personenschifffahrt. Diese Anlegestelle mit dem längsten Steg am Bodensee liegt deshalb so weit draußen, weil in Altnau der Uferbereich zu seicht ist und Fähr- und Ausflugsschiffe dort nicht anlegen könnten. 270 Meter vom Ufer entfernt ist das aber kein Problem, denn da ist der See tief genug für den Fährbetrieb. Zugleich ist der Steg ein außergewöhnlicher Aussichtspunkt so weit draußen, mitten im Bodensee, und ist deshalb ein beliebter Treffpunkt.

In dem kleinen Ort Altnau, hier am südlichen Bodenseeufer werden aber auch Äpfel angebaut. So viele, dass vor Jahren der Apfelsaft sogar einmal aus dem Wasserhahn floss. Im sogenannten Apfeljahr 1957 war die Apfelernte nämlich so ergiebig, dass der Apfelsaft aus Platzmangel in einem leeren Reservoir der örtlichen Wasserversorgung gelagert werden musste. Da wohl die Menge des Safts unterschätzt wurde, schwappte dieser von dort über in die Trinkwasserbehälter, und es gab eine Zeit lang Apfelschorle umsonst.

Schiffsanlegesteg · Scherzingerstraße 2 · CH–8595 Altnau
www.altnau.ch · Haltestelle: Bahnhof Altnau, weiter zu Fuß oder mit dem Fahrrad

1966
D

MIT EINEM BEIN IN DER SCHWEIZ

99

Entlang des Sträßchens auf dem Weg zum Waldheim Schienen stehen noch die alten Grenzsteine. Tatsächlich ist es hier an der »grünen Grenze« möglich, mit einem Bein in der Schweiz und mit dem anderen in Deutschland zu stehen.

Auf dem 708 Meter hohen Schiener Berg, der höchsten Erhebung der Halbinsel Höri, mitten in der idyllisch ländlichen Landschaft gelegen, versetzt einen der Anblick des Waldheims in eine längst vergangene Zeit. Direkt an der Schweizer Grenze begrüßt ein Empfangskomitee aus Hunderten weißen Gänsen, die sich frei auf den Wiesen bewegen können, laut schnatternd die Gäste der Familie Grundler. Direkt am Haus vorbei führen zahlreiche Wander- und Radwege in die Schweiz und nach Deutschland.

Die Ortschaft Schienen mit dem ehemaligen Kloster Schienen und der Ruine Schrotzburg, wie auch die schon zur Schweiz gehörende Burg Hohenklingen und die Ruine Wolkenstein, liegen hier.

Der Schiener Berg war früher ebenfalls Austragungsort des sogenannten Schienerberg-Rennens, einer Motorrennsportveranstaltung.

Am Südhang des Schiener Berges hat der Schweizer Johann Jakob Scheuchzer, Zürcher Stadtarzt und Naturforscher, 1726 das etwa ein Meter große versteinerte Skelett eines vor 14 Millionen Jahren lebenden Riesensalamanders gefunden, an der berühmten Fossilfundstelle in den Öhninger Kalken. Dieses Fossil wurde von ihm fälschlicherweise als *Homo diluvii testis*, ein »betrübtes Beingerüst von einem alten Sünder«, gedeutet. Schon damals galt der Riesensalamander als der Fund, der das größte Aufsehen im Steinbruch von Öhningen erregte und war Grundlage der Scheuchzer'schen Theorie des »Sintflutmenschen«. Dem französischen Naturforscher Georges Cuvier gelang erst 1809 die richtige Deutung der Knochen. Später konnte der niederländische Naturforscher Jan van der Hoeven es in die richtige Stelle des Systems einordnen.

Wer in die Schweiz möchte, darf den Ausweis nicht vergessen!

Waldheim-Schienen · Waldheim · 78337 Öhningen-Schienen · Tel. 07735/93 79 06
www.waldheim-schienen.de · Haltestelle: Bahnhof Radolfzell, Bus 7368

100 DIE HÖLZERNE RHEINBRÜCKE

Die Rheinbrücke Diessenhofen–Gailingen ist nicht alltäglich. Überspannt sie doch nicht nur den Rhein, sondern auch die Grenze zwischen der Schweiz und Deutschland. Sie ist die einzige vollständig erhaltene Holzbrücke am Hochrhein und zählt zu den heute seltenen Pfahljochbrücken.

Um den Warenverkehr in nordsüdlicher Richtung zu erleichtern und das Eigentum nördlich des Rheins zu schützen, wurde wahrscheinlich schon im Jahr 1180 mit dem Bau einer ersten festen Rheinüberquerung bei Diessenhofen begonnen. Die jetzige Brücke entstand zwischen 1814 bis 1816.

Heute darf die gerade einmal 2,80 Meter breite Fahrbahn nur von Fahrzeugen mit höchstens zehn Tonnen Gesamtgewicht befahren werden. 1972 wurde das Brückenbauwerk durch die Schweizerische Eidgenossenschaft und den Kanton Thurgau zum »Geschützten Baudenkmal« erklärt und steht seit 1981 unter Bundesschutz.

Um nicht stecken zu bleiben, müssen die Schiffe der Schweizerischen Schifffahrtsgesellschaft vor jeder Durchfahrt das Sonnensegel, die Bugmasten und die Kabine absenken, da die lichte Durchfahrtshöhe der Brücke so niedrig ist. Bei Hochwasser ist sie oft gar nicht mehr passierbar. In dem Fall muss der Ort Diessenhofen die Schifffahrtsgesellschaft entschädigen, denn die Fahrgäste müssen die Brücke dann zu Fuß umgehen, um in ein anderes Schiff umzusteigen.

Von Diessenhofen kommend, nach der Brücke links liegt an der Rheinhalde ein gemütlicher Imbiss mit Biergarten. Wer aber gern im Rhein baden gehen möchte, findet rechts nach ca. 400 Metern am Strandweg das Rheinstrandbad Gailingen. Hier wird unter anderem Pizza angeboten, die frisch gebacken auf den Steinbänken direkt am Rheinufer richtig lecker schmeckt. Auf dem Weg entlang des Rheins wird die Grenze zwischen Deutschland und der Schweiz des Öfteren überquert, sodass man sich zeitweise nicht mehr sicher ist, wo man sich gerade befindet.

Rheinbrücke · Diessenhofen–Gailingen · CH–8253 Diessenhofen
www.diessenhofen.ch · Haltestelle: Bahnhof Diessenhofen

Impressum

Verantwortlich: Claudia Hohdorf
Redaktion: Rainer Schöttle
Layout: Sabine Knape
Repro: LUDWIG:media
Korrektorat: Gisela Wunderskirchner
Umschlaggestaltung: Nina Andritzky
Kartografie: Kartographie Huber, Heike Block
Herstellung: Kathleen Baumann, Bettina Schippel
Printed in Slovenia by Florjancic

★★★★★

Sind Sie mit diesem Titel zufrieden? Dann würden wir uns über Ihre Weiterempfehlung freuen.
Erzählen Sie es im Freundeskreis, berichten Sie Ihrem Buchhändler oder bewerten Sie bei Onlinekauf.
Und wenn Sie Kritik, Korrekturen oder Aktualisierungen haben, freuen wir uns über Ihre Nachricht an Bruckmann Verlag, Postfach 40 02 09, D-80702 München oder per E-Mail an lektorat@verlagshaus.de.

Unser komplettes Programm finden Sie unter www.bruckmann.de

Alle Angaben dieses Werkes wurden von den Autoren sorgfältig recherchiert und auf den aktuellen Stand gebracht sowie vom Verlag geprüft. Für die Richtigkeit der Angaben kann jedoch keine Haftung übernommen werden. In diesem Buch wird aus Gründen der besseren Lesbarkeit das generische Maskulinum verwendet. Weibliche und anderweitige Geschlechteridentitäten werden dabei ausdrücklich mitgemeint, soweit es für die Aussage erforderlich ist.

Die Texte auf S. 10, 13, 52 (oben), 56, 63, 105, 140 und 163 wurden von Ulrike Niederer und Stefan Blank neu geschrieben, die auf S. 9 und 88 von ihnen überarbeitet.
Bildnachweis: Alle Bilder des Innenteils stammen von Alexander Pohle, außer Shutterstock: S. 2 (Ryszard Filipowicz), 4 (MNStudio), 5 (GinaKoch), 44 (Sina Ettmer Photography), 45 (Aleksandra H. Kossowska), 70 (Gherzak), 128 (Carsten Ortlieb); Stefan Blank: 11, 57 u., 104; Privatinstitut für Ayurveda und Naturheilkunde, Wasserburg, 57 o.; Torsten Wenzler - www.bergeimlicht.com, 141; Dornbirn Tourismus, Stadtmarketing GmbH: 162 o. (Lukas Hämmerle); 162 u. (Darko Todorovic); Urweltmuseum Bodman: 12; Therme Lindau: 53; Thurgau Tourismus: 62
Umschlagvorderseite: stock.adobe.com/Timo Günthner

Die Deutsche Nationalbibliothek verzeichnet diese Publikation in der Deutschen Nationalbibliografie; detaillierte bibliografische Daten sind im Internet über http://dnb.d-nb.de abrufbar.

2. aktualisierte Auflage

ISBN 978-3-7343-2167-2